Constelações

WALTER BENJAMIN

Constelações

ORGANIZAÇÃO E APRESENTAÇÃO
Thiago Soares

TRADUÇÃO
João Barrento

autêntica

TEXTOS SINGULARES
NÃO FICÇÃO

Títulos originais:
Erkenntniskritische Vorrede
Über den Begriff der Geschichte
Eduard Fuchs, der Sammler und der Historiker

EDITORES RESPONSÁVEIS
Rejane Dias
Schneider Carpeggiani
Cecília Martins

REVISÃO TÉCNICA E FIXAÇÃO DE TEXTO PARA O PORTUGUÊS BRASILEIRO
Beatriz de Almeida Magalhães
Mariza Guerra de Andrade

REVISÃO
Cecília Martins
Lira Córdova
Cecília Castro

CAPA
Alberto Bittencourt

DIAGRAMAÇÃO
Guilherme Fagundes

Dados Internacionais de Catalogação na Publicação (CIP)
Câmara Brasileira do Livro, SP, Brasil

Benjamin, Walter, 1892-1940
Constelações / Walter Benjamin ; tradução João Barrento ; organização e apresentação Thiago Soares. -- 1. ed. -- Belo Horizonte, MG : Autêntica Editora, 2025. -- (Textos Singulares)

ISBN 978-65-5928-601-0

1. História - Filosofia I. Soares, Thiago. II. Título. III. Série.

25-281068 CDD-901

Índices para catálogo sistemático:
1. História : Filosofia 901

Cibele Maria Dias - Bibliotecária - CRB-8/9427

GRUPO **AUTÊNTICA**

Belo Horizonte
Rua Carlos Turner, 420
Silveira . 31140-520
Belo Horizonte . MG
Tel.: (55 31) 3465 4500

São Paulo
Av. Paulista, 2.073, Conjunto Nacional
Horsa I . Salas 404-406 . Bela Vista
01311-940 . São Paulo . SP
Tel.: (55 11) 3034 4468

www.grupoautentica.com.br
SAC: atendimentoleitor@grupoautentica.com.br

Apresentação

Constelações para interpretar um mundo em crise

Thiago Soares[1]

Só ideias salvam um mundo em crise. E, quando apresentou formulações conceituais sobre a noção de Constelação, Walter Benjamin estava vivendo na antessala dos movimentos nazifascistas que tomaram a Europa na década de 1930, antecipando antídotos interpretativos capazes de compreender um mundo que desafiava os limites do humano, do mal e da política. A História se encarregou de apresentar curvas, desvios e reiterações em seus percursos, desafiando a linearidade de correntes materialistas e apontando para a necessidade da formulação de bases para debater não apenas sua progressão, mas, sobretudo, suas permanências. A História, portanto, precisava ser apresentada como uma Constelação, na qual o passado e o presente se chocam em pontos de interrupção, lampejos de verdade e formação de consensos que podem ser atualizados.

1 Professor e pesquisador do Programa de Pós-graduação em Comunicação (PPGCOM) e do Departamento de Comunicação da Universidade Federal de Pernambuco (UFPE).

A noção de Constelação em Walter Benjamin segue sendo um importante antídoto para a construção do conhecimento de mundos em crise, na tentativa de evitar ou promover colapsos em torno de formas de apresentar ideias. Ao longo de sua obra, a elaboração de um pensamento por Constelação alicerça teses sobre Teoria do Conhecimento e da História, aparece como base da *Origem do drama trágico alemão*, de 1925, e posteriormente vai sendo uma espécie de combustível metodológico para suas reflexões sobre História, sempre na tentativa de montar um pensamento relacional, que forme imagens e percorra ideias como espaços – conforme uma Constelação espacializada, organizada e vista como uma espécie de estrutura capaz de revelar formas de construção conceitual.

Em cem anos de uso a partir da data de lançamento de *Origem do drama trágico alemão*, a noção de Constelação espraiou-se para inúmeros campos do conhecimento. No Cinema, a proposta metodológica de formar Constelações fílmicas agrega filmes numa perspectiva curatorial e monta estruturas que tematizam obras análogas e linhas de força que analisam o papel da história na elaboração estética e temática do pensamento cinematográfico. Nos estudos sobre Arquitetura e Urbanismo, as Constelações urbanas mostram dimensões relacionais entre espaços, territórios e paisagens, apresentando perspectivas espectrais que permitem reconhecer percursos, caminhos e derivas como aparatos para a construção de tramas sobre o observador, a narrativa e o *flanêur* – tópicos centrais de um pensamento benjaminiano. No campo das Artes, exposições adotam a lente do pensamento por Constelação como aparato para construir linhas imaginárias intersemióticas, conectando linguagens, formas e expressões a partir de recortes curatoriais. No terreno das mídias, com tantos formatos, estéticas e linguagens contaminando o consumo das redes sociais e plataformas digitais, a noção de Constelação fornece subsídios para nortear forças de atração entre objetos que possam ser agrupados com fins interpretativos.

Todos esses usos e apropriações acabam convocando um retorno às origens do termo, o grau zero de sua formulação, para que novas propostas conceituais e giros hermenêuticos com o pensamento de Walter Benjamin sejam promovidos. É nesta direção que esta obra se constitui: trazemos o conjunto de ensaios para que pesquisadores, acadêmicos, estudantes, artistas, professores, curadores, gestores públicos e leitores em geral tenham acesso aos textos seminais em que o pensador alemão formula suas ideias em torno de um pensamento constelacional, que insiste em se fazer presente nas Artes, Ciências Humanas e Sociais. Benjamin usa o conceito para descrever a maneira como os fenômenos e as ideias se relacionam entre si, não de forma linear ou causal, mas sim como um arranjo complexo e dinâmico, semelhante a uma constelação no céu.

"As ideias são constelações eternas, e se os elementos se podem conceber como pontos em tais constelações, os fenômenos estão nelas simultaneamente dispersos e salvos. E aqueles elementos, que os conceitos têm por tarefa destacar dos fenômenos, são mais claramente visíveis nos extremos da constelação" (neste volume, p. 24), diz o autor no "Prólogo epistemológico-crítico", de *Origem do drama trágico alemão.* Repare no exercício de Benjamin de tomar ideias como espaços constelatórios. Ele segue: "A ideia é definível como a configuração daquele nexo em que o único e extremo se encontra com o que lhe é semelhante. Por isso é falso entender as normas mais gerais da língua como conceitos, em vez de as reconhecer como ideias. É errado pretender apresentar o universal como uma média estatística. O universal é a ideia. Já o empírico será tanto mais profundamente apreendido quanto mais claramente for visto como algo de extremo" (neste volume, p. 24). As extremidades da constelação são limites, alcances das ideias, maneiras de constituir um espaço em que o pensamento circula.

O primeiro capítulo deste volume "Prólogo epistemológico-crítico", texto que abre *Origem do drama trágico alemão*, em que Benjamin formula a noção de Constelação como uma espécie de Epistemologia e Teoria do Conhecimento. Ele rejeita a noção de que os conceitos devem ser organizados em uma hierarquia fixa e propõe que as ideias se agrupem como estrelas em uma constelação: cada elemento só faz sentido dentro do conjunto, sem uma ordem fixa de dependência. A noção de Constelação aparece, portanto, como uma estratégia filosófica e metodológica para pensar a relação entre ideias, história e conhecimento. Em vez de uma linha reta positivista, do progresso, das relações entre causa e efeito, Benjamin aposta na rede, em que arranjos e rearranjos se agenciam continuamente. Emergem, portanto, noções de não linearidade, totalidade sem hierarquia e dialética em suspenso, em que, em vez de uma síntese final, aposta-se na justaposição de opostos, criando uma tensão produtiva entre ideias.

O segundo capítulo traz o texto "Sobre o conceito da História", de *O anjo da História*, que promove o debate sobre Constelação como crítica à linearidade histórica. "O historicismo limitou-se a estabelecer um nexo causal entre vários momentos da história. Mas um fato, por ser causa de outro, não se transforma por isso em fato histórico. Tornou-se nisso postumamente, em circunstâncias que podem estar a milênios de distância dele" (neste volume, p. 74), provoca o autor, que arremata: "O historiador que partir dessa ideia desfia os acontecimentos pelos dedos como um rosário. Apreende a constelação em que a sua própria época se insere, relacionando-se com uma determinada época anterior. Com isso, ele fundamenta um conceito de presente como Agora (*Jetztzeit*), um tempo no qual se incrustaram estilhaços do messiânico" (neste volume, p. 74). A ideia de Constelação desafia o materialismo histórico e fundamenta uma relação entre passado e presente, tão central para tempos de crise em que apaziguamentos, releituras e reinterpretações tentam reescrever a História.

Benjamin toma a dialética como imagem ("A imagem dialética deve ser definida como a memória involuntária da humanidade redimida") e sugere uma metodologia para estudo da História que se assemelha a uma montagem: "Articular historicamente fatos passados significa: reconhecer no passado aquilo que converge na constelação de um único momento. O conhecimento histórico só é possível no momento histórico. Mas o conhecimento nesse momento histórico é sempre o conhecimento de um momento. Na medida em que o passado se concentra no instante – na imagem dialética –, ele entra na memória involuntária da humanidade".[2] Aqui, em alguma medida, o autor reflete também sobre escrita: agrupa fragmentos de citações, imagens e conceitos, criando uma experiência não linear de leitura. A dialética benjaminiana se organiza: múltiplos elementos entram em tensão, produzindo interpretações inesperadas e originais. Em momentos de profunda crise

---

2 Benjamin, W. *O anjo da História*. 2. ed. Belo Horizonte: Autêntica, 2024. p. 179.

sobre verdade, em que as interpretações se conjugam com parcialidades políticas e ideológicas, Walter Benjamin concebe Constelações como alicerces para uma espécie de precária ideia de verdade. Essa abordagem está alinhada com seu método de leitura fragmentária e micrológica, em que cada elemento se relaciona com um contexto mais amplo e significativo.

O terceiro capítulo encerra com o texto "Eduard Fuchs, colecionador e historiador", de *O anjo da História*, em que é possível visualizar a noção de Constelação dentro do espectro do colecionismo. O texto, publicado em 1937, foi escrito a pedido de Max Horkheimer, destaca a importância da abordagem dialética de Fuchs para a compreensão da Arte e da História. As coleções de Fuchs, reconhece Benjamin, representam uma resposta prática aos desafios teóricos da historiografia marxista, examinando também o papel do colecionador como historiador da cultura, evidenciando sua tentativa de relacionar a produção artística com os processos sociais e políticos.

Este volume é um convite aos textos originais em que o pensamento benjaminiano se constrói como uma extraordinária constelação de ideias, numa forma de organizar o conhecimento que rompe com a linearidade e busca captar a complexidade do real por meio da justaposição de elementos dispersos, propondo a criação de redes de significado, permitindo leituras novas e dinâmicas, sempre abertas a reinterpretações.

Capítulo 1
Constelação no mundo das ideias
"Prólogo epistemológico-crítico", de
Origem do drama trágico alemão

Dado que nem no conhecimento nem na reflexão nos é possível chegar à totalidade, porque àquele falta a dimensão interior e a esta a exterior, temos necessariamente de pensar a ciência como arte, se esperarmos encontrar nela alguma espécie de totalidade. Essa totalidade não deve ser procurada no universal, no excessivo; pelo contrário, do mesmo modo que a arte se manifesta sempre como um todo em cada obra de arte particular, assim também a ciência deveria poder ser demonstrada em cada um dos objetos de que se ocupa.

(Johann Wolfgang von Goethe, *Materialien zur Geschichte der Farbenlehre* [Materiais para a história da teoria das cores])[1]

É próprio da literatura filosófica o ter de confrontar-se a cada passo com a questão da representação. Na sua forma

---

1 *In*: Goethe, *Sämtliche Werke*. Jubiläums-Ausgabe [Obras completas. Edição do Jubileu]. Ed. de Eduard von der Hellen, em colaboração com Konrad Burdach *et al.* Stuttgart / Berlim, s.d. [1907 segs.]. Vol. 40: *Schriften zur Naturwissenschaft* [Escritos sobre as ciências da natureza], 2, p. 140-141. (N.T.)

acabada, essa literatura apresentar-se-á como doutrina, mas o simples pensamento não tem o poder de lhe conferir esse caráter acabado. A doutrina filosófica assenta na codificação histórica, e por isso não pode ser invocada *more geometrico*. Do mesmo modo que a matemática mostra claramente que a eliminação total do problema da representação, reivindicada por toda a didática rigorosamente objetiva, é o traço distintivo do conhecimento autêntico, assim também é igualmente decisiva a sua renúncia à esfera da verdade, que é o objeto intencional das línguas naturais. Aquilo que, para os sistemas filosóficos, é o seu método não transparece no seu aparato didático. Isto é o sinal evidente de que lhes é inerente um esoterismo de que eles não podem se libertar, que lhes é proibido negar, de que não podem vangloriar-se sem risco de condenação. O que o conceito oitocentista de sistema ignorou foi precisamente esta alternativa da forma filosófica, colocada pelos conceitos da doutrina e do ensaio esotérico. Enquanto a filosofia for determinada por um tal conceito, ela corre o perigo de se acomodar a um sincretismo que tenta capturar a verdade numa teia de aranha estendida entre várias formas de conhecimento, como se ela voasse de fora para cair aí. Mas o universalismo por ela assim adquirido está muito longe de lhe permitir alcançar a autoridade didática da doutrina. Se a filosofia quiser conservar a lei da sua forma, não como propedêutica mediadora do conhecimento, mas como representação da verdade, então aquilo que mais importa deve ser a prática dessa sua forma, e não a sua antecipação num sistema. Tal prática impôs-se em todas as épocas para as quais foi evidente a essência não delimitável do verdadeiro, sob uma forma propedêutica que pode ser designada pelo termo escolástico do "tratado", porque ele reenvia, ainda que apenas de forma latente, para os objetos da teologia, sem os quais não é possível pensar a verdade. Os tratados serão doutrinários no tom que assumem, mas a sua índole profunda exclui aquele rigor didático que permite à doutrina afirmar-se por autoridade própria. E também eles renunciam aos meios coercitivos da demonstração matemática. Na sua forma canônica, eles aceitam um único elemento doutrinal – de intenção, aliás, mais educativa que doutrinária –, a citação da *auctoritas*. A representação é a quintessência do seu método. Método é caminho não direto. A representação como caminho não direto: é esse o caráter metodológico do tratado. A sua primeira característica é a renúncia ao percurso ininterrupto da intenção. O pensamento volta continuamente ao princípio, regressa com minúcia à própria coisa. Este infatigável movimento de respiração é o modo de ser específico da contemplação. De fato, seguindo, na observação de um único objeto, os seus vários níveis de sentido, ela recebe daí, quer o impulso para um arranque constantemente renovado, quer a justificação para a intermitência do seu ritmo. E não receia perder o ímpeto, tal como um mosaico não perde a sua majestade pelo fato de ser caprichosamente fragmentado. Ambos se compõem de elementos singulares e diferentes; nada poderia transmitir com mais veemência o impacto transcendente, quer da imagem sagrada, quer da verdade. O valor dos fragmentos de pensamento é tanto mais decisivo quanto menos imediata é a sua relação com a concepção de fundo, e desse valor depende o fulgor da representação, na mesma medida em que o do mosaico depende da qualidade da pasta de vidro. A relação entre a elaboração micrológica e a escala do todo, de um ponto de vista plástico e mental, demonstra que o conteúdo de verdade (*Wahrheitsgehalt*) se deixa apreender apenas através da mais exata descida ao nível dos pormenores de um conteúdo material (*Sachgehalt*). Tanto o mosaico como o tratado, na fase áurea do seu florescimento no Ocidente, pertencem à Idade Média; aquilo que permite a sua comparação é, assim, da ordem do genuíno parentesco.

A dificuldade inerente a uma tal representação só demonstra que se trata de uma forma autenticamente prosaica. Enquanto o orador, pela voz e pelo jogo fisionômico, apoia as frases isoladas, mesmo nos casos em que elas não têm autonomia, e as articula numa sequência de pensamentos muitas vezes vacilante e vaga, como se esboçasse um desenho de ampla respiração com um único traço, assim também o próprio da escrita é, a cada frase, parar para recomeçar. A representação contemplativa deve, mais do que qualquer outra, seguir este princípio. O seu objetivo de nenhum modo é o de arrastar o ouvinte e de o entusiasmar. Ela só está segura de si quando obriga o leitor a deter-se em "estações" para refletir. Quanto maior for o seu objeto, tanto mais distanciada será a reflexão. A sua sobriedade prosaica, muito aquém do gesto imperativo do preceito doutrinário, é o único estilo de escrita adequado à investigação filosófica. O objeto desta investigação são as ideias. Se a representação se quiser afirmar como o método próprio do tratado filosófico, terá de ser representação das ideias. A verdade, presentificada no bailado das ideias representadas, furta-se a toda e qualquer projeção no domínio do conhecimento. O conhecimento é um haver. O seu próprio objeto é determinado pela necessidade de ser apropriado pela consciência, ainda que seja uma consciência transcendental. É próprio dele um caráter de posse, para o qual a representação é secundária. Esse caráter de posse não tem uma existência prévia como algo que se autodetermine. Ora, é precisamente isso o que se passa com a verdade. O método, que para o conhecimento é um caminho para chegar ao objeto de apropriação – ainda que pela sua produção na consciência –, é para a verdade representação de si mesma, e por isso algo que é dado juntamente com ela, como forma. Esta forma não é inerente a uma conexão estrutural na consciência, como faz a metodologia do conhecimento, mas a um ser. Uma das intenções mais profundas da filosofia nos seus começos – a doutrina platônica das ideias – será sempre a do postulado segundo o qual o objeto do conhecimento não coincide com a verdade. O conhecimento é questionável, a verdade não. O conhecimento dirige-se ao particular, mas não, de forma imediata, à sua unidade. A unidade do conhecimento, a existir, seria antes uma conexão estrutural apenas mediatizada, nomeadamente por via dos conhecimentos isolados e, de certo modo, da sua compensação recíproca, enquanto que na essência da verdade a unidade é uma determinação absolutamente imediata e direta. Da natureza direta dessa determinação faz parte o ela não poder ser questionada. De fato, se a unidade integral na essência da verdade fosse questionável, então a questão teria de ser: em que medida a resposta a ela está desde logo dada em cada resposta concebível que a verdade pudesse dar a qualquer pergunta? E antes da resposta a esta pergunta teríamos de voltar a repeti-la, de tal modo que a unidade da verdade escaparia a qualquer interrogação. A verdade só está fora de questão como unidade no ser, e não como unidade no conceito. Enquanto o conceito advém da espontaneidade do entendimento, as ideias oferecem-se à contemplação. As ideias são algo de já dado. Assim, a distinção entre a verdade e o âmbito do conhecimento define a ideia como ser. É este o alcance da doutrina das ideias para o conceito de verdade. Enquanto ser, a verdade e a ideia alcançam aquele supremo significado metafísico que lhes é expressamente atribuído pelo sistema platônico.

O documento mais significativo a este respeito é sobretudo *O Banquete*, que contém duas afirmações decisivas neste contexto. Aí, a verdade – o reino das ideias – é ilustrada como o conteúdo essencial da beleza. Aí, a verdade é declarada bela. A compreensão deste ponto de vista platônico sobre a relação entre verdade e beleza é, não só um propósito fundamental de toda a filosofia da arte, mas também um pressuposto insubstituível para a determinação do conceito de verdade. Uma concepção lógico-sistemática que quisesse ver nestes postulados apenas o velho e venerável esboço de um panegírico da filosofia, afastar-se-ia irremediavelmente da esfera da doutrina das ideias. As duas afirmações referidas são talvez o domínio em que melhor se evidencia o modo de ser das ideias. A segunda dessas afirmações merece ainda um comentário mais preciso. A tese de que a verdade é bela deve ser compreendida no contexto d'*O Banquete* em que se descrevem os vários graus do desejo erótico. Eros – é este o sentido dessas passagens do diálogo – não trai o seu impulso originário ao orientar o seu desejo no sentido da verdade, pois também a verdade é bela. E o é, não tanto em si, mas para Eros. Afinal, a mesma relação determina o amor humano: o ser humano é belo para aquele que ama, e não em si. E a explicação está no fato de o seu corpo se representar numa ordem superior à do belo. O mesmo se passa com a verdade: ela não é bela em si, mas para aquele que a busca. Poderá haver nisto uma pontinha de relativismo, mas nem por isso a beleza que deve ser inerente à verdade se torna um epíteto metafórico. Pelo contrário, a essência da verdade como essência do reino das ideias que se representa garante que o discurso sobre a beleza da verdade jamais poderá ser afetado. De fato, aquele momento de representação é por excelência o refúgio da beleza. O belo permanece na esfera da aparência, palpável, enquanto se reconhecer abertamente como tal. Manifestando-se como aparência, e seduzindo enquanto não quiser ser mais do que isso mesmo, atrai a perseguição do entendimento e torna reconhecível a sua inocência apenas no momento em que se refugia no altar da verdade. Eros segue-o nesta sua fuga, não como perseguidor, mas como amante; e de tal modo que a beleza, para se manter aparência, foge sempre dos dois, do entendimento por temor e do amante por angústia. E só este pode testemunhar que a verdade não é desvelamento que destrói o mistério, mas antes uma revelação que lhe faz justiça. E a questão mais profunda d'*O Banquete* é a de saber se a verdade poderá alguma vez fazer justiça ao belo. Platão responde ao atribuir à verdade a capacidade de garantir o ser do belo. É neste sentido que ele apresenta a verdade como conteúdo do belo. Mas este conteúdo não se revela no desvelamento, manifesta-se antes num processo que, para usar uma outra expressão metafórica, poderia ser visto como o momento em que se incendeia o invólucro que entra no círculo das ideias, como o incêndio da obra, no qual a sua forma alcança o máximo de intensidade luminosa. Esta relação entre verdade e beleza, que mostra da forma mais evidente como a verdade se distingue do objeto de conhecimento com o qual nos habituamos a identificá-la, contém a chave para aquele fato, simples, mas impopular, que sustenta a atualidade de que desfrutam também alguns sistemas filosóficos cujo conteúdo cognitivo perdeu há muito tempo a relação com a ciência. As grandes filosofias representam o mundo na ordem das ideias. Mas, regra geral, o quadro conceitual em que isso se deu há muito que começou a esboroar-se. Apesar disso, esses sistemas mantêm a sua validade enquanto esboços de uma descrição do mundo, tal como aconteceu com a doutrina das ideias de Platão, a monadologia de Leibniz ou a dialética de Hegel. De fato, é próprio de todas essas tentativas preservarem o seu sentido, muitas vezes mesmo desenvolverem-no de forma potenciada, quando a sua referência deixa de ser o mundo empírico para ser o das ideias. Pois essas construções do espírito tiveram a sua origem como descrição de uma ordem das ideias. Quanto mais intensamente os pensadores procuraram delinear com elas a imagem do real, tanto mais rica se tornou a ordem conceitual desenvolvida, uma ordem que o futuro intérprete da representação primordial do mundo das ideias necessariamente veria como adequada. Se a tarefa do filósofo é a de se exercitar no esboço descritivo do mundo das ideias, de tal modo que o mundo empírico é absorvido naquele e nele se dissolve, então ele ocupa um lugar elevado de mediador entre o cientista e o artista. Este último esboça uma imagem limitada do mundo das ideias, que, pelo fato de ele a esboçar como símile, se torna em cada momento uma imagem definitiva. O cientista organiza o mundo com vista à sua dispersão no domínio das ideias, subdividindo este domínio em conceitos, a partir de dentro. O que o liga ao filósofo é o interesse na extinção da mera empiria, enquanto que o artista se liga àquele pela tarefa da representação. Há um ponto de vista corrente que aproxima excessivamente o filósofo do cientista, e muitas vezes do cientista de menor calibre. Nunca a preocupação com a representação parece ter sido contemplada na tarefa do filósofo. O conceito de estilo filosófico está livre de paradoxos. Tem os seus postulados, que são: a arte da interrupção, contra a cadeia da dedução; o caráter extensivo do tratado, por contraste com o gesto do fragmento; a repetição dos motivos, em contraste com o universalismo raso; a plenitude da positividade concentrada, em contraste com a negação da polêmica.

Para que a verdade seja representada como unidade e singularidade não é de modo algum necessária a conexão dedutiva cerrada da ciência. E, no entanto, essa total ausência de lacunas é precisamente a única forma pela qual a lógica do sistema se relaciona com o pensamento da verdade. Essa sistematicidade fechada não tem em comum com a verdade mais do que qualquer outra representação que procure assegurar-se dela através de meros conhecimentos ou complexos de conhecimentos. Quanto mais escrupulosamente a teoria do conhecimento científico procura seguir as várias disciplinas, tanto mais claramente se manifesta a incoerência metodológica destas. Cada novo campo científico autônomo traz consigo novos pressupostos sem fundamento dedutivo, e em cada um deles se dão por resolvidos problemas prévios com a mesma ênfase com que se afirma a sua insolubilidade noutros contextos.[2] Uma das características menos filosóficas daquela teoria da ciência que toma como ponto de partida das suas investigações, não a diversidade das disciplinas, mas pretensos postulados filosóficos, é a de considerar acidental esta incoerência. E

---

[2] Cf. Émile Meyerson, *De l'explication dans les sciences.* 2 vols. Paris, 1921, *passim.*

no entanto, esta descontinuidade do método científico está tão longe de configurar um estágio inferior e provisório do conhecimento que poderia, pelo contrário, favorecer a sua teoria, se não viesse intrometer-se a ambição de se apropriar da verdade, que permanece uma unidade sem saltos, através da acumulação enciclopédica de conhecimentos. O sistema só tem validade quando a sua estrutura se inspira na própria constituição do mundo das ideias. As grandes articulações de categorias que determinam não apenas os sistemas mas também a terminologia filosófica – a lógica, a ética e a estética, para referir as mais gerais – não adquirem significado por serem nomes de disciplinas especializadas, mas como monumentos de uma estrutura descontínua do mundo das ideias. Os fenômenos, porém, não são assimilados pelo reino das ideias de forma integral, na sua mais rude configuração empírica, misturada com a aparência, mas apenas, salvos, nos seus elementos básicos. Eles desfazem-se da sua falsa unidade para, assim divididos, poderem participar da unidade autêntica da verdade. Nesta sua divisão, os fenômenos subordinam-se aos conceitos. E são estes que dissolvem as coisas nos seus elementos constitutivos. As distinções conceituais só estão acima de qualquer suspeita de sofismas destrutivos se o seu fito for o de salvar os fenômenos nas ideias, o do *τα φαινόμενα δώσειν* ["salvar os fenômenos"] platônico. O papel mediador dos conceitos permite que os fenômenos participem do ser das ideias. E é precisamente este papel mediador que os torna adequados à outra tarefa, não menos primordial, da filosofia, a da representação das ideias. A salvação dos fenômenos por meio das ideias vai de par com a representação das ideias por meio da empiria. Pois as ideias não se representam em si mesmas, mas apenas e exclusivamente através de uma organização dos elementos coisais no conceito. E fazem-no sob a forma da configuração desses elementos.

O conjunto dos conceitos que servem à representação de uma ideia presentifica-a como configuração daqueles. De fato, os fenômenos não estão incorporados nas ideias, não estão contidos nelas. As ideias são antes a sua disposição virtual objetiva, são a sua interpretação objetiva. Se elas não contêm em si os fenômenos por incorporação nem se dissipam em funções, na lei dos fenômenos, na "hipótese", coloca-se então a questão de saber de que modo elas alcançam os fenômenos. A resposta é: na sua representação. Em si, a ideia pertence a um domínio radicalmente diverso daquele que apreende. O critério para definir a sua forma de existência não pode, por isso, ser o de dizer que ela compreende em si aquilo que apreende, por exemplo como o gênero compreende em si as suas espécies. Não é essa a tarefa da ideia. O seu significado pode ser ilustrado por meio de uma analogia. As ideias relacionam-se com as coisas como as constelações com as estrelas. Isto significa desde logo que elas não são nem os conceitos nem as leis das coisas. Não servem para o conhecimento dos fenômenos, e estes de nenhum modo podem servir de critério para a existência das ideias. Pelo contrário, o significado dos fenômenos para as ideias esgota-se nos seus elementos conceituais. Enquanto os fenômenos, pela sua existência, pelas suas afinidades e as suas diferenças, determinam o alcance e o conteúdo dos conceitos que os circunscrevem, a sua relação com as ideias é a inversa, na medida em que é a ideia, enquanto interpretação objetiva dos fenômenos – ou melhor, dos seus elementos – a determinar as formas da sua recíproca interação. As ideias são constelações eternas, e se os elementos se podem conceber como pontos em tais constelações, os fenômenos estão nelas simultaneamente dispersos e salvos. E aqueles elementos, que os conceitos têm por tarefa destacar dos fenômenos, são mais claramente visíveis nos extremos da constelação. A ideia é definível como a configuração daquele nexo em que o único e extremo se encontra com o que lhe é semelhante. Por isso é falso entender as normas mais gerais da língua como conceitos, em vez de as reconhecer como ideias. É errado pretender apresentar o universal como uma média estatística. O universal é a ideia. Já o empírico será tanto mais profundamente apreendido quanto mais claramente for visto como algo de extremo. O conceito procede de algo de extremo. Tal como a mãe só começa a viver plenamente quando o círculo dos seus filhos, sentindo-lhe a proximidade, se fecha à sua volta, assim também as ideias só ganham vida quando os extremos se reúnem à sua volta. As ideias – na formulação de Goethe: os ideais – são as Mães fáusticas. Permanecem obscuras se os fenômenos não se reconhecerem nelas e não se juntarem à sua volta. Cabe aos conceitos agrupar os fenômenos, e a fragmentação que neles se opera por ação do entendimento analítico é tanto mais significativa quanto, num único e mesmo lance, consegue um duplo resultado: a salvação dos fenômenos e a representação das ideias.

As ideias não são dadas no mundo dos fenômenos. Surge, por isso, a questão de saber de que forma elas são de fato dadas, como atrás se sugeriu, e se a função de justificar a estrutura do mundo das ideias se deve inevitavelmente atribuir à sempre invocada intuição (*An-schau-ung*) intelectual. Se há domínio em que a fraqueza com que o esoterismo sempre contamina a filosofia se revele de forma clara, esse domínio é o da "visão" (*Schau*), prescrita como procedimento filosófico aos adeptos de todas as doutrinas do paganismo neoplatônico. O ser das ideias de nenhum modo pode ser pensado enquanto objeto de uma intuição, nem mesmo da intelectual. De fato, nem na sua versão mais paradoxal, a de *intellectus archetypus*, ela pode aceder à forma de se dar que é própria da verdade, um dar-se desprovido de todas as formas de intenção – para além de que a própria verdade nunca pode aparecer como intenção. A verdade nunca se manifesta em relação, e muito menos numa relação intencional. O objeto de conhecimento determinado pela intencionalidade do conceito não é a verdade. A verdade é um ser inintencional, formado por ideias. O procedimento que lhe é adequado não será, assim, de ordem intencional cognitiva, mas passa, sim, pela imersão e pelo desaparecimento nela. A verdade é a morte da intenção. É o que parece querer dizer a história da imagem velada de Saïs, cujo desvelamento era fatal para quem, com esse gesto, quisesse descobrir a verdade. Isso deve-se, não a uma enigmática crueldade da situação, mas à própria natureza da verdade, perante a qual mesmo o mais puro fogo da busca se apaga como se estivesse debaixo de água. O ser da verdade, sendo da ordem da ideia, distingue-se do modo de ser próprio dos fenômenos. A estrutura da verdade exige, assim, um modo de ser que, na sua ausência de intenção, se aproxima do modo de ser simples das coisas, mas lhes é superior pela sua consistência e permanência. A verdade não consiste num intencionar que encontraria na empiria a sua determinação, mas na força que marca a própria essência dessa empiria. O ser livre de toda a fenomenalidade, e único detentor dessa força, é o ser do nome. É ele que determina o modo como são dadas as ideias. E estas dão-se, não tanto numa língua primordial, mas antes numa percepção primordial em que as palavras ainda não perderam a aura [*Adel*] da sua capacidade de nomear em favor de um significado cognitivo. "Num certo sentido, poderia duvidar-se de que a doutrina das 'ideias' de Platão pudesse ter sido possível se o sentido das palavras não tivesse sugerido ao filósofo, que só conhecia a sua língua materna, uma deificação do conceito dessa palavra, uma deificação das palavras; se nos for permitido este ponto de vista unilateral, as 'ideias' platônicas serão, no fundo, apenas palavras ou conceitos de palavras deificados."[3] A ideia é da ordem da linguagem, mais precisamente, na essência da palavra, aquele momento em que esta é símbolo. Na percepção empírica, em que as palavras se decompuseram, elas possuem, paralelamente ao seu lado simbólico mais ou menos escondido, um explícito significado profano. Cabe ao filósofo restituir pela representação o primado do caráter simbólico da palavra, no qual a ideia chega ao seu autoconhecimento, que é o oposto de toda a comunicação orientada para o exterior. Como a filosofia não pode pretender falar em tom de revelação, isso só pode acontecer por meio de uma rememoração que recupere antes de mais nada a percepção primordial. A anamnese platônica não andará longe desta forma de rememoração. A diferença é que aqui não se trata de uma presentificação de

---

[3] Hermann Güntert, *Von der Sprache der Götter und Geister. Bedeutungsgeschichtliche Untersuchungen zur homerischen und eddischen Göttersprache* [Da língua dos deuses e dos espíritos. Estudos de história semântica da língua dos deuses em Homero e no Edda]. Halle, 1921, p. 49. Ver Hermann Usener, *Götternamen. Versuch einer Lehre von der religiösen Begriffsbildung* [Os nomes dos deuses. Ensaio de doutrina Sobre a formação dos conceitos religiosos]. Bona, 1896, p. 321.

imagens por via intuitiva; pelo contrário, na contemplação filosófica a ideia enquanto palavra solta-se do recesso mais íntimo da realidade, e essa palavra reclama de novo os seus direitos de nomeação. Mas na origem desta atitude não está, em última análise, Platão, mas Adão, o pai dos homens no papel de pai da filosofia. O ato adâmico da nomeação está tão longe de ser jogo e arbitrariedade que nele se confirma o estado paradisíaco por excelência, aquele que ainda não tinha de lutar com o significado comunicativo das palavras. Na nomeação, as ideias dão-se destituídas de intenção, a contemplação filosófica é o lugar da sua renovação. Nesta renovação reconstitui-se a percepção original das palavras. E assim a filosofia mostrou ser, e com razão, no decurso da sua história (tantas vezes objeto de zombaria), uma luta pela representação de algumas palavras, poucas e sempre as mesmas – que o mesmo é dizer, de ideias. Por isso é problemática, no âmbito filosófico, a introdução de novas terminologias, se não se mantiver no domínio estritamente conceitual e visar, pelo contrário, os objetos últimos da contemplação. Tais terminologias – uma nomeação falhada, da qual participa mais a intenção que a linguagem – são estranhas àquela objetividade que a história atribuiu aos mais significativos produtos da reflexão filosófica. Estes últimos estão aí, num perfeito isolamento a que as meras palavras nunca poderão chegar. E assim as ideias atestam a lei que diz: todas as essências existem numa completa autonomia e intangibilidade, não só em relação aos fenômenos, mas também na relação de umas com as outras. Tal como a harmonia das esferas se funda nas órbitas dos corpos celestes que não se tocam, assim também o *mundus intelligibilis* se funda na distância intransponível entre as essências puras. Cada ideia é um sol, e relaciona-se com as outras como os sóis se relacionam uns com os outros.

A relação harmoniosa entre a música dessas essências é a verdade. A sua multiplicidade nomeada é finita. Pois a descontinuidade é o próprio das "essências..., que levam uma vida *toto coelo* independente dos objetos e seus atributos; a sua existência não pode ser provocada dialeticamente, isolando um qualquer complexo de propriedades encontradas num objeto e acrescentando-lhe um καθ' αὑτό [por si mesmas]"; pelo contrário, o seu número é limitado e cada uma delas deve ser exaustivamente procurada no lugar que lhe cabe no seu mundo, até que demos com ela como com um *rocher de bronce*,[4] ou até que a esperança na sua existência se revele ilusória".[5] Não raras vezes a ignorância quanto a esta sua finitude descontínua levou ao fracasso de algumas tentativas enérgicas de renovação da doutrina das ideias, a última das quais foi a do primeiro Romantismo. Nas suas especulações, a verdade, em vez assumir o seu caráter de linguagem, foi tomada por uma forma de consciência reflexiva.

O drama trágico (*Trauerspiel*), considerado do ponto de vista do tratado de filosofia da arte, é uma ideia. Este tipo de tratado distingue-se do histórico-literário, antes de mais nada, pelo fato de pressupor uma unidade, enquanto que o segundo se preocupa em demonstrar a multiplicidade. As diferenças e os extremos, que a análise histórico-literária tende a esfumar e a relativizar no devir que lhes é próprio, assumem na

---

4 Em francês no original. (N.T.)

5 Jean Hering, "Bemerkungen über das Wesen, die Wesenheiten und die Idee" [Observações sobre a essência, as essencialidades e a ideia], *in*: *Jahrbuch für philosophische und phänomenologische Forschung* [Anuário de investigação filosófica e fenomenológica], n. 4 (1921), p. 522.

elaboração conceitual o estatuto de energias complementares, e a história manifesta-se apenas como a orla colorida de uma simultaneidade cristalina. Para a filosofia da arte, só os extremos são necessários, o processo histórico é contingente. Por seu lado, o extremo de uma forma ou de um gênero é a ideia, que, enquanto tal, não entra na história literária. O drama trágico como conceito poderia inserir-se sem problemas nas classificações conceituais da estética. Mas a ideia relaciona-se de modo diferente com as classificações, na medida em que não determina uma classe e não contém em si aquela universalidade sobre a qual assenta, no sistema das classificações, cada um dos graus do conceito, a universalidade da média estatística. Assim sendo, não seria possível em longo prazo esconder a situação precária da indução nas investigações sobre a teoria da arte. Reina a perplexidade crítica na investigação mais recente. Em referência ao seu estudo *Zum Phänomen des Tragischen* [Sobre o fenômeno do trágico], diz Scheler: "Como... devemos... proceder? Devemos reunir uma série de exemplos do trágico, isto é uma série de ocorrências e acontecimentos perante os quais os homens dizem sentir a impressão do trágico, e depois perguntar, de forma indutiva, o que têm eles 'em comum'? Seria uma espécie de método indutivo, suscetível de ser apoiado experimentalmente. No entanto, isso seria ainda menos produtivo que a observação do nosso eu quando algo de trágico sobre nós atua. De fato, que coisa legitima a nossa confiança nas afirmações das pessoas, para crermos que é trágico aquilo que elas assim designam?"[6] É infrutífero pretender determinar as ideias de forma indutiva – partindo de "dados quantitativos" – com base em expressões comuns, para depois investigar a essência do

[6] Max Scheler, *Vom Umsturz der Werte* [Sobre a derrocada dos valores]. Estudos e ensaios. 2ª ed. revista. 1º vol. Leipzig, 1919, p. 241.

que assim foi fixado *in extenso*. Porque o uso linguístico corrente é sem dúvida um instrumento precioso se for tomado como alusão a ideias, mas enganador se o filósofo dele se servir nas suas investigações assumindo-o como fundamento formal dos conceitos, com palavras e pensamentos pouco rigorosos. Este estado de coisas permite-nos mesmo afirmar que o filósofo só com as maiores precauções deve aproximar-se daquele modo de proceder corrente que, para melhor se assegurar do significado das palavras, faz delas conceitos de grande amplitude semântica. Precisamente a filosofia da arte não raras vezes se deixou sugestionar por tais acenos. Pois quando – um exemplo drástico entre muitos outros – a *Ästhetik des Tragischen* [Estética do trágico], de Volkelt, coloca peças de Holz ou Halbe ao mesmo nível das de Ésquilo ou Eurípides, sem se perguntar se o trágico é uma forma com possibilidades de encontrar conteúdos atuais ou se é historicamente condicionada, o efeito que daí resulta, do ponto de vista do trágico e em matérias tão diversas, não é o da tensão, mas o da incongruência sem substância. Numa tal acumulação de fatos, na qual rapidamente os mais arcaicos e ásperos são soterrados pelos mais modernos e atraentes, a investigação que pretende descobrir "aspectos comuns", e por isso se submete a este empilhamento de fatos, ficará de mãos vazias, tirando alguns dados psicológicos que, na subjetividade, se não do investigador pelo menos do cidadão comum seu contemporâneo, conseguem fazer coincidir o que é diverso no patamar pobre de uma reação que tende para a identidade. Talvez os conceitos da psicologia permitam a reconstituição de uma multiplicidade de impressões, tenham estas sido ou não produzidas por obras de arte, mas o mesmo não se pode dizer da essência de um campo artístico. Neste, isso só pode acontecer por meio de uma circunstanciada exposição do conceito subjacente à sua forma, cujo conteúdo metafísico não é algo que se encontre no seu interior, mas que se mostra em atividade, como o sangue circulando pelo corpo.

O fascínio pela multiplicidade, por um lado, e a indiferença em relação ao pensamento rigoroso, pelo outro, sempre foram as razões que explicaram o uso acrítico de métodos indutivos. Trata-se sempre de um certo receio das ideias constitutivas – os *universalia in re* – para me servir da expressão certeira ocasionalmente usada por Burdach. "Prometi falar das origens do humanismo, como se ele fosse um ser vivo que um dia veio ao mundo como totalidade em algum lugar, e como totalidade se desenvolveu... Procedemos, assim, como os chamados realistas da escolástica medieval, que atribuíam realidade aos conceitos gerais, aos 'universais'. Do mesmo modo, nós hipostasiamos, como as mitologias primitivas, um ser de substância unitária e plena realidade, e chamamos-lhe humanismo, como se ele fosse um indivíduo vivo. Mas neste, como em inúmeros outros casos..., deveríamos tomar consciência de que estamos apenas a inventar um conceito auxiliar abstrato para ordenar e tornar apreensíveis séries infinitas de múltiplos fenômenos espirituais e das mais diversas personalidades. Só podemos fazê-lo, de acordo com uma lei fundamental da percepção e do conhecimento humanos, dando maior relevo e acentuando, segundo uma necessidade sistemática que nos é inata, determinadas particularidades que, nessas séries de objetos diversos, nos parecem semelhantes ou coincidentes, mais do que as suas diferenças... estas etiquetas – humanismo, Renascimento – são arbitrárias e mesmo errôneas, porque atribuem a esta vida de muitas fontes, muitas formas, muitos espíritos, a falsa aparência de uma unidade essencial e real. Uma tal máscara arbitrária e enganadora é também a do 'homem do Renascimento', tão popular desde Burckhardt e Nietzsche."[7] Numa nota do autor sobre esta passagem pode ler-se: "O contraponto infeliz desse indestrutível 'homem do Renascimento' é 'o homem gótico', que hoje provoca graves confusões e assombra até o mundo do pensamento de historiadores tão importantes e respeitáveis como E. Troeltsch. A este vem acrescentar-se 'o homem barroco', etiqueta sob a qual nos apresentam, por exemplo, Shakespeare."[8] Este ponto de vista é evidentemente correto, na medida em que vai contra o hipostasiar de conceitos gerais – e nem sempre os universais se incluem nestes. Mas fracassa totalmente perante as questões levantadas por uma teoria da ciência platonicamente orientada para a representação das essências, cuja necessidade ignora. Só esta está em condições de preservar a forma linguística das exposições científicas, tal como elas funcionam fora da esfera matemática, do ceticismo sem limites que acaba por arrastar na sua vertigem todas as metodologias indutivas, por mais sutis que sejam, e que as considerações de Burdach não resolvem, porque são uma *reservatio mentalis* privada, e não um fundamento metodológico seguro. No que se refere em especial a tipos e épocas históricos, não será nunca possível partir do princípio de que ideias como as do Renascimento ou do Barroco sejam capazes de dominar conceitualmente as respectivas matérias; e a opinião segundo a qual uma

---

[7] Konrad Burdach, *Reformation, Renaissance, Humanismus. Zwei Abhandlungen über die Grundlage moderner Bildung und Sprachkunst* [Reforma, Renascimento, Humanismo. Dois estudos sobre os fundamentos da moderna cultura e arte da palavra]. Berlim, 1918, p. 100 segs.

[8] Burdach, *op. cit.*, p. 213 (nota).

perspectiva moderna dos períodos históricos poderia ser validada por eventuais discussões polêmicas nas quais as épocas se encontrariam umas com as outras como que de viseira aberta, e esses seriam os grandes momentos de viragem, seria uma opinião que desconheceria o conteúdo das fontes, que não depende geralmente de ideias historiográficas, mas de interesses atuais. Mas aquilo que esses nomes não conseguem transmitir como conceitos, obtêm-no enquanto ideias nas quais não é o homogêneo que coincide, mas o extremo que alcança uma síntese. Isto, apesar de termos de reconhecer que também a análise conceitual nem sempre se encontra com fenômenos completamente heterogêneos, e por vezes se torna visível nela o esboço de uma síntese, ainda que esta não possa ser legitimada. Assim é que Strich afirmou sobre o Barroco literário, no qual emerge o drama trágico alemão, "que os princípios formais se mantiveram idênticos ao longo de todo o século".[9]

A reflexão crítica de Burdach pretende, não tanto ser um projeto para uma revolução positiva do método, mas antes precaver erros de fato no pormenor. Mas, em última análise, a metodologia não pode apresentar-se em termos negativos, como um simples cânone de advertências, guiada apenas pelo receio de insuficiências factuais. Tem antes de partir de considerações de ordem mais elevada do que

---

[9] Fritz Strich, "Der lyrische Stil des siebzehnten Jahrhunderts" [O estilo poético do século XVII], *in*: *Abhandlungen zur deutschen Literaturgeschichte*. Franz Muncker zum 60. Geburtstag [Estudos de história da literatura alemã. Nos sessenta anos de Franz Muncker]. Organiz. por Eduard Berend *et al.* Munique, 1916, p. 52.

aquela que é fornecida pelo ponto de vista de um verismo científico. Este acabaria necessariamente por embater, no que respeita aos problemas específicos, naquelas questões autenticamente metodológicas que ele ignora no seu credo científico. A solução dessas questões leva geralmente à reformulação da problemática, formulável em termos de: "Como se passaram realmente as coisas?", uma pergunta que pode ser colocada, mas não respondida. Só com esta reflexão, que até aqui preparamos e no que se segue concluiremos, será possível decidir se a ideia é uma abreviatura indesejada ou se, pelo contrário, fundamenta por meio da sua expressão linguística o verdadeiro conteúdo científico. Uma ciência que entra em conflito com a linguagem das suas investigações é um absurdo. As palavras são, juntamente com os símbolos matemáticos, os únicos meios de representação à disposição da ciência, e em si mesmas elas não são signos. De fato, no conceito, ao qual o signo, é certo, corresponderia, a palavra despotencia-se, para encontrar na ideia a sua realidade essencial. O verismo, a cujo serviço se coloca o método indutivo da teoria da arte, nada ganha pelo fato de, no final, as questões discursivas e indutivas convergirem numa "visão intuitiva" (*Anschauung*)[10] que, como R.M. Meyer e muitos outros imaginam, se resolveria num sincretismo dos mais diversos métodos. Com isto, como acontece com todas as perífrases ingênuas e realistas da questão do método, somos remetidos para o nosso ponto de partida, pois é precisamente essa visão intuitiva que tem de ser interpretada. E a imagem do método indutivo

[10] Richard M[oritz] Meyer, "Über das Verständnis von Kunstwerken" [Sobre a compreensão das obras de arte], *in*: *Neue Jahrbücher für das klassische Altertum, Geschichte und deutsche Literatur*, n. 4 (1901), p. 378.

da investigação estética mostra também neste ponto a sua costumada coloração esfumada, na medida em que a intuição não é a do objeto transposto para a ideia, mas a dos estados subjetivos do observador projetados na obra; é esse o sentido da empatia que informa o método de R.M. Meyer. Esse método, ao contrário daquele que usarei neste trabalho, "vê a forma artística do drama e também da tragédia ou da comédia, e ainda da comédia de caráter ou de intriga como grandezas dadas e pressupostos adquiridos. Depois procura, com base na comparação de grandes representantes de cada gênero, chegar a regras e princípios pelos quais cada um dos produtos individuais será julgado. E da comparação dos gêneros extraem-se leis artísticas gerais que se aplicarão a todas as obras".[11] A "dedução" dos gêneros no âmbito da filosofia da arte assentaria então num procedimento indutivo e abstratizante, e uma série de tais gêneros e subgêneros seria, não tanto deduzida, mas antes apresentada no esquema da dedução.

Enquanto a indução degrada as ideias em conceitos, renunciando à sua articulação e ordenação, a dedução chega aos mesmos resultados através da sua projeção num *continuum* pseudológico. O reino do pensamento filosófico não se desenrola numa linha ininterrupta de deduções conceituais, mas pela descrição do mundo das ideias. A atualização desse processo começa sempre de novo com cada ideia, tomando-a por uma ideia primordial, pois as ideias formam uma multiplicidade irredutível. Na sua qualidade de multiplicidade finita – de fato, nomeada –, elas

---

[11] Meyer, *op. cit.*, p. 372.

oferecem-se à contemplação. Daqui a crítica violenta de Benedetto Croce ao conceito dedutivo de gênero na filosofia da arte. Na classificação enquanto suporte de deduções especulativas ele vê, com razão, o fundamento de uma crítica esquematista superficial. E enquanto o nominalismo de Burdach para as épocas históricas, a sua resistência à mínima perda de contato com os fatos, se explicam pelo seu receio de se afastar da verdade desses fatos, um nominalismo análogo quanto aos conceitos estéticos de gênero, um análogo apego ao particular, leva em Croce à preocupação de, com o afastamento em relação a este, perder o que nele há de verdadeiramente essencial. Mais do que qualquer outra coisa, é este interesse pelo essencial que melhor poderá iluminar o verdadeiro sentido dos nomes dos gêneros estéticos. O *Breviário de Estética* denuncia o preconceito da "possibilidade de distinguir várias ou muitas formas de arte, cada uma delas determinável no seu conceito específico e nos seus limites, e dotada de leis próprias... Muitos tratadistas continuam a escrever obras sobre a estética do trágico ou do cômico, da poesia ou do humor, estéticas da pintura ou da música ou da literatura...; mas, pior do que isso, os críticos não perderam ainda, ao emitir juízos sobre as obras, o hábito de as medir pela sua consonância com o gênero ou a forma particular de arte a que, em sua opinião, elas pertencem".[12] "Nenhuma teoria da divisão das artes tem fundamento. O gênero ou a classe são neste caso únicos, a própria arte ou a intuição, sendo, por outro lado, as obras de arte isoladas em número infinito: todas

[12] Benedetto Croce, *Grundriß der Ästhetik. Vier Vorlesungen* [Breviário de Estética. Quatro lições]. Ed. alemã autorizada, de Theodor Poppe. Leipzig, 1913 (= Wissen und Forschen. 5), p. 43.

originais, nenhuma traduzível na outra... Entre o universal e o particular não interfere, de um ponto de vista filosófico, nenhum outro elemento intermédio, nenhuma série de gêneros ou espécies, de *generalia*."[13] Estas considerações são plenamente justificadas no que se refere aos conceitos dos gêneros estéticos. Mas ficam a meio caminho. Pois se é certo que uma seriação de obras de arte com vista a detectar o seu elemento comum está condenada ao fracasso se não se tratar de coleções histórica ou estilisticamente paradigmáticas, mas do que lhes é essencial, não é menos certo que a filosofia da arte não pode prescindir das suas ideias mais ricas, como as do trágico ou do cômico. Porque estas ideias não são a quintessência de um conjunto de regras, mas antes figuras que, na sua densidade e no seu grau de realidade, são equivalentes a qualquer drama singular, não sendo com ele comensuráveis. Por isso elas não têm qualquer pretensão de subsumir "em si", com base em quaisquer afinidades, um certo número de obras. Ainda que não possa existir a tragédia pura, o puro drama cômico, classificados segundo a sua relação com essas ideias, estas têm, ainda assim, existência própria. E essa existência pode ser evidenciada por uma investigação que não se prenda à partida a tudo aquilo que um dia possa ter sido designado de trágico ou de cômico, mas que busque casos exemplares, ainda que tenha de atribuir este caráter a simples fragmentos isolados. Assim, uma tal investigação não fornece "critérios" para o crítico. A crítica, bem como os critérios terminológicos, pedras de toque de uma doutrina filosófica das ideias para a arte, não se constituem segundo o critério exterior da comparação, mas de forma

---

[13] Croce, *op. cit.*, p. 46.

imanente, através de uma evolução da linguagem formal da obra, que extrai dela um conteúdo sacrificando os seus efeitos. A isto vem acrescentar-se o fato de precisamente as obras mais notáveis – desde que nelas o gênero não se manifeste pela primeira vez ou, por assim dizer, de forma ideal – se situarem fora dos limites do gênero. Uma obra importante, ou funda o gênero ou se destaca dele, e nas mais perfeitas encontram-se as duas coisas.

A impossibilidade de uma evolução dedutiva das formas artísticas e a consequente desvalorização da regra como instância crítica – mas a regra manter-se-á como instância didática – podem constituir a base de um ceticismo produtivo. Essa impossibilidade é comparável à profunda respiração do pensamento, que depois de tomar fôlego se pode perder, sem pressas e sem o mínimo sinal de inibição, no exame minucioso dos pormenores. Teremos, aliás, de falar sempre de pormenores quando a observação mergulha na obra e na forma da arte para avaliar o seu conteúdo substancial (*Gehalt*). A pressa com que alguns deles se apropriam, como se de propriedade alheia se tratasse, é própria do trabalho crítico rotineiro, em nada melhor que a bonomia pequeno-burguesa. A verdadeira contemplação, pelo contrário, combina a rejeição do método dedutivo com um recurso cada vez mais amplo e intenso aos fenômenos, que nunca correm o perigo de se tornarem objetos de um espanto nebuloso enquanto a sua representação for ao mesmo tempo a das ideias, pois com isso salva-se a sua singularidade. Naturalmente que o radicalismo, que roubaria à terminologia estética uma grande parte das suas mais conseguidas expressões e levaria a filosofia da arte ao silêncio, não é também a última palavra de Croce. Antes pelo contrário, nele lemos: "Negar valor teorético às classificações abstratas não significa negar o valor teorético daquela classificação genética e concreta que, aliás, já não é 'classificação', mas se chama história".[14] Com esta frase obscura, o autor aflora, infelizmente de forma bastante apressada, o cerne da doutrina das ideias. Há nele um psicologismo, que dissolve a sua definição da arte como "expressão" na da arte como "intuição", e o impede de perceber isso. Não chega a entender como a forma de observação que ele designa de "classificação genética" se encontra, no problema da origem, com uma doutrina das ideias no âmbito dos gêneros artísticos. Mas, apesar de ser uma categoria plenamente histórica, a origem (*Ursprung*) não tem nada em comum com a gênese (*Entstehung*). "Origem" não designa o processo de devir de algo que nasceu, mas antes aquilo que emerge do processo de devir e desaparecer. A origem insere-se no fluxo do devir como um redemoinho que arrasta no seu movimento o material produzido no processo de gênese. O que é próprio da origem nunca se dá a ver no plano do factual, cru e manifesto. O seu ritmo só se revela a um ponto de vista duplo, que o reconhece, por um lado como restauração e reconstituição, e por outro como algo de incompleto e inacabado. Em todo o fenômeno originário tem lugar a determinação da figura através da qual uma ideia permanentemente se confronta com o mundo histórico, até atingir a completude na totalidade da sua história. A origem, portanto, não se destaca dos dados factuais, mas tem a ver com a sua pré e pós-história.

---

14 Croce, *op. cit.*, p. 48.

Na dialética inerente à origem encontra a observação filosófica o registro das suas linhas-mestras. Nessa dialética, e em tudo o que é essencial, a unicidade e a repetição surgem condicionando-se mutuamente. A categoria da origem não é, assim, como quer Cohen,[15] puramente lógica, mas histórica. É conhecida a fórmula de Hegel: "Tanto pior para os fatos". No fundo, o que ele quer dizer é: cabe ao filósofo estabelecer as conexões entre as essências, e estas permanecem inalteradas, ainda que no mundo dos fatos elas não se manifestem na sua forma pura. O preço que esta atitude genuinamente idealista paga pela sua segurança é o do abandono do cerne da ideia de origem, já que toda a prova quanto à origem tem de estar preparada para demonstrar a autenticidade daquilo que quer provar. Se não conseguir demonstrar essa autenticidade, não terá o direito ao título que ostenta. Com esta reflexão parece estar superada, para os mais elevados objetos da filosofia, a distinção entre a *quaestio juris* e a *quaestio facti*. Isto é incontestável e inevitável. Mas a consequência não é a de que o "fato" antigo se torne automaticamente um momento constitutivo da essência. Pelo contrário, o trabalho do investigador começa aqui, porque ele só pode considerar um tal fato como seguro quando a sua mais íntima estrutura aparecer com uma essencialidade tal que o fato se revele como um fenômeno de origem. O autêntico – esse selo de origem dos fenômenos – é objeto de descoberta, uma descoberta que se liga de forma única com o ato de reconhecimento. A descoberta é capaz de o trazer à luz no mais singular e

[15] Cf. Hermann Cohen, *Logik der reinen Erkenntnis* [Lógica do conhecimento puro], 2ª ed., Berlim, 1914, p. 35-36 (= System der Philosophie. 1).

intrincado fenômeno, nas experiências mais vulneráveis e toscas, mas também nas manifestações mais requintadas de uma época de decadência. A ideia absorve uma série de formas históricas, não para construir a partir delas uma unidade, menos ainda para delas derivar algo de comum. Não há qualquer analogia entre a relação do fenômeno singular com a ideia ou com o conceito: neste último contexto, o singular é subsumido no conceito e permanece o que era – singularidade; no primeiro, está na ideia e torna-se naquilo que não era – totalidade. Nisso consiste a sua "salvação" platônica.

A história filosófica enquanto ciência da origem é a forma que, dos extremos mais remotos, dos aparentes excessos da evolução, faz emergir a configuração da ideia como totalidade marcada pela possibilidade de uma coexistência daqueles opostos. A representação de uma ideia não pode em caso algum dar-se por conseguida antes de se ter percorrido virtualmente todo o círculo de todos os extremos nela possíveis. Esse percurso permanece virtual, porque aquilo que é apreendido pela ideia de origem tem história apenas enquanto conteúdo substancial, e já não como um acontecer que pudesse afetá-lo. Ele só conhece a história por dentro, e não já como algo sem limites, mas antes no sentido de algo relacionado com o ser essencial, que permite caracterizá-la como a sua pré e pós-história. A pré e pós-história de tais seres essenciais, testemunho da sua salvação ou reunião na coutada do mundo das ideias, não é história pura, mas natural. A vida das obras e das formas, que só adentro deste recinto protetor se desenvolve de forma límpida e não contaminada pela humana, é uma vida natural.[16] Uma vez constatado na ideia esse ser salvo, a presença da história natural inautêntica – a pré e pós-história – é virtual. Já não tem eficácia pragmática, mas, enquanto discurso da história natural, pode ser lida em estado de perfeição e quietude, na sua essencialidade. Com isto, é de novo determinada, no antigo sentido, a tendência de toda a formação de conceitos filosóficos: constatar o devir dos fenômenos no seu ser. Pois o conceito de ser da ciência filosófica não se satisfaz com o fenômeno, precisa de absorver toda a sua história. O aprofundamento da perspectiva histórica em tais investigações não conhece, em princípio, limites, quer no que se refere ao passado, quer ao futuro: dá à ideia a sua dimensão de totalidade. A sua estrutura, marcada pela totalidade, em contraste com o seu inalienável isolamento, é monadológica. A ideia é uma mônada. O ser que nela penetra com a sua pré e pós-história mostra, oculta na sua própria, a figura abreviada e ensombrada do restante mundo das ideias, tal como nas mônadas do *Discurso sobre a metafísica*,[17] de 1686: em cada uma delas estão indistintamente presentes todas as demais. A ideia é uma mônada – nela repousa, preestabelecida, a representação dos fenômenos como sua interpretação objetiva. Quanto mais alta for a ordem das ideias, tanto mais perfeita será a representação nelas contida. E assim o mundo real poderia ser visto como problema, no sentido

---

[16] Cf. Walter Benjamin, "Die Aufgabe des Übersetzers" [A tarefa do tradutor], *in*: Charles Baudelaire, *Tableaux Parisiens*. Versão alemã, com um prefácio de Walter Benjamin. Heidelberg, 1923, p. viii-ix (= Die Drucke des Argonautenkreises. 5).

[17] Trata-se do *Discours de Métaphysique*, de Leibniz, escrito em 1686, mas só publicado em 1846. (N.T.)

de que nos pede para penetrarmos de tal modo em tudo o que é real que daí resultasse uma interpretação objetiva do mundo. Se pensarmos nesse problema e nesse mergulho, em nada nos surpreende que o autor da *Monadologia* tenha sido também o criador do cálculo infinitesimal. A ideia é uma mônada – isso significa, em suma, que cada ideia contém a imagem do mundo. A tarefa imposta à sua representação é nada mais nada menos que a do esboço dessa imagem abreviada do mundo.

A história da investigação do Barroco literário alemão dá um aspecto paradoxal à análise de uma das suas formas principais – uma análise cujo objetivo primordial não deve ser o do estabelecimento de regras e tendências, mas o da atenção à metafísica dessa forma, concretamente apreendida na sua plenitude. Entre os muitos obstáculos à compreensão da literatura dessa época conta-se inegavelmente, como um das mais importantes, a do tipo de composição, sem dúvida representativa, mas também estranhamente canhestra, característica da sua produção dramática. A forma dramática, mais do que qualquer outra, faz decididamente apelo a uma ressonância histórica, e esta foi negada ao drama do barroco. A renovação do patrimônio literário alemão iniciada com o Romantismo deixou praticamente intata, até hoje, a literatura barroca. Foi sobretudo o teatro de Shakespeare, com a sua riqueza e as suas liberdades, que eclipsou para os autores românticos os exemplos alemães coevos, tanto mais que a sua índole séria era estranha ao teatro destinado ao palco. Para a filologia germânica, que começava a constituir-se, essas produções de uma casta de funcionários cultos eram, por sua vez, muito pouco populares, e por isso suspeitas. Por mais importantes que fossem os méritos desses homens para a formação da língua e do espírito popular, por mais consciente que fosse a sua participação na constituição de uma literatura nacional, a máxima absolutista "tudo para o povo, nada que venha do povo" deixou marcas demasiado visíveis no seu trabalho para que eles pudessem ter atraído filólogos da escola dos Grimm e de Lachmann. Aquele espírito que impedia os que se esforçavam por pôr de pé um drama alemão de irem buscar os seus materiais às raízes da tradição popular alemã, contribuiu também, e não pouco, para o seu estilo tortuoso e violento. De fato, nem as lendas alemãs nem a história alemã desempenham qualquer papel no drama do Barroco. Mas também a vulgarização e a banalização historicista dos estudos germanísticos no último terço do século não favoreceu a investigação sobre o drama trágico do Barroco. A forma abstrusa permaneceu inacessível a uma ciência para a qual a crítica estilística e a análise formal eram disciplinas auxiliares de significado mínimo, e as obscuras fisionomias daqueles autores, que olhavam quem os lia a partir de obras incompreendidas, estimulavam pouco a elaboração de esboços histórico-biográficos. De qualquer modo, não se pode falar, nestas peças, de florescimento de um engenho poético livre ou mesmo lúdico. Pelo contrário, os dramaturgos da época sentiram-se fortemente obrigados a criar uma forma para o drama profano. E por mais que tivessem se esforçado por alcançar essa forma, muitas vezes em repetições bastante esquematistas, de Gryphius a Hallmann, o drama alemão da Contrarreforma nunca alcançou aquela forma dúctil e aquele virtuosismo que Calderón conferiu ao espanhol. Ele foi-se formando – e isto porque foi um produto desse seu tempo – através de um esforço extremamente violento, o que, só por si, demonstra que essa forma não foi moldada por nenhum gênio soberano. E no entanto é nela que se encontra o centro de gravidade de todos os dramas trágicos barrocos. Aquilo que cada um dos autores dela apreendeu, a ela o deve como marca inconfundível, e os seus limites pessoais não afetam a sua profundidade. Entender este fato é um pressuposto de qualquer investigação. Mas é ainda indispensável uma perspectiva que seja capaz de se elevar à intuição de uma forma em geral, de modo a descobrir nela mais do que uma abstração no corpo da obra literária. A ideia de uma forma – permita-se a repetição, a partir do que atrás se disse – não é nada de menos vivo do que uma qualquer obra literária concreta. Ela é mesmo, na forma do drama trágico, claramente a mais rica no confronto com outras experiências literárias do Barroco. E, do mesmo modo que toda a forma linguística, mesmo a menos usual e mais rara, pode ser apreendida, não apenas como testemunho de quem a criou, mas também como documento da vida da língua e das suas diversas possibilidades, assim também todas as formas artísticas contêm – e de forma muito mais autêntica do que cada obra isolada – os indícios de uma determinada morfologia da arte, objetiva e necessária. Esta perspectiva tinha de ser inacessível à velha escola, pelo simples fato de a análise formal e a história das formas escaparem à sua atenção. Mas não apenas por isso. Foi também decisiva a insistência acrítica numa teoria barroca do drama, uma adaptação da de Aristóteles às tendências da época. Na maior parte das peças, esta aproximação foi grosseira. Sem se interrogarem sobre as causas profundas que determinaram tais variações, os comentadores concluíram, rápida e levianamente, que se tratava de uma incompreensão que levou a distorções; e foi apenas um passo daí até à afirmação de que os dramaturgos da época mais não tinham feito do que aplicar, sem os compreender, uns quantos preceitos respeitáveis de Aristóteles. O drama trágico do Barroco alemão passou a ser visto como uma caricatura da tragédia antiga. Neste esquema entrava sem dificuldade tudo aquilo que um gosto cultivado achava estranho, e mesmo bárbaro, naquelas obras. A intriga dos seus dramas de pompa e circunstância (*Haupt- und Staatsaktionen*) desfigurava o antigo drama régio, a redundância retórica desfigurava o nobre *páthos* helênico, e os finais sangrentos desfiguravam a catástrofe trágica. O drama trágico aparecia assim como um renascimento tosco da tragédia. Com isso, impôs-se uma nova classificação que impediria definitivamente a compreensão desta forma: visto como drama renascentista, o drama trágico aparece, nos seus traços mais marcantes, como uma forma carregada de defeitos estilísticos. Durante muito tempo, e graças à autoridade dos compêndios histórico-estilísticos, esse inventário manteve-se inalterado. Devido a tal influência, não é dada a mínima importância à obra de Stachel *Seneca und das deutsche Renaissancedrama* [Sêneca e o drama renascentista alemão], altamente meritória e fundadora dos estudos neste domínio, para a compreensão essencial daquela forma – coisa a que, aliás, ela também não aspirava. No seu trabalho sobre o estilo poético do século XVII, Strich chamou a atenção para este equívoco, que durante muito tempo fez estagnar a investigação. "É costume designar de renascentista o estilo da literatura alemã do século XVII. Se, no entanto, o termo designa mais do que a imitação oca dos processos antigos, então é equívoco e demonstra as deficiências, em termos histórico-estilísticos, dos estudos literários: de fato, esse século não conservou nada do espírito clássico do Renascimento. O estilo da sua literatura é antes barroco, mesmo quando não pensamos apenas na pompa e no excesso ornamental, mas levamos em conta os seus princípios morfológicos mais profundos."[18] Um outro erro que se manteve com impressionante persistência na história deste período literário prende-se com o preconceito em relação à crítica estilística. Eu penso na pretensa resistência desta dramaturgia ao palco. Não é provavelmente a primeira vez que o embaraço perante uma cena insólita leva a pensar que ela nunca existiu, que tais obras nunca tiveram eficácia real, que o palco nunca se lhes abriu. Deparamos, pelo menos nas interpretações de Sêneca, com controvérsias que se comparam neste aspecto às primeiras discussões sobre o drama barroco. Seja como for – no caso do Barroco não se confirma aquela fábula já com cem anos, que fez história de A.W. Schlegel[19] até Lamprecht,[20] segundo a qual a sua literatura dramática

---

[18] Strich, *op. cit,* p. 21.

[19] Cf. August Wilhelm von Schlegel, *Sämtliche Werke* [Obras completas]. Ed. de Eduard Böcking. Vol. 6: *Vorlesungen über dramatische Kunst und Litteratur* [Lições sobre a arte e a literatura dramáticas]. 3ª ed., segunda parte. Leipzig, 1846, p. 403. E ainda: A[ugust] W[ilhelm] Schlegel, *Vorlesungen über schöne Litteratur und Kunst* [Lições sobre literatura e arte] (Ed. J[akob] Minor). 3ª Parte (1803-1804): *Geschichte der romantischen Litteratur* [História da literatura romântica]. Heilbronn, 1884, p. 72 (= Deutsche Literaturdenkmale des 18. und 19. Jahrhunderts).

[20] Cf. Karl Lamprecht, *Deutsche Geschichte* [História Alemã]. 2ª seção: *Neuere Zeit. Zeitalter des individuellen Seelenlebens* [Época moderna.

era drama de gabinete. Naquelas cenas violentas que estimulam a curiosidade do espectador, o elemento teatral manifesta-se com particular ênfase. A própria teoria acentua por vezes os efeitos cênicos. O lema horaciano *Et prodesse volunt et delectare poetae* coloca a poética de Buchner perante a questão de saber como pode o drama trágico "deleitar". E a resposta é: não pelo seu conteúdo, mas certamente pela sua montagem teatral.[21]

Sobrecarregada com tantos impasses no confronto com este tipo de drama, a investigação e as suas tentativas de uma avaliação objetiva – que, bem ou mal, estavam condenadas a permanecer alheias ao seu objeto – só veio aumentar a confusão, com a qual terá de contar hoje qualquer reflexão sobre o estado das coisas neste domínio. Não são muito credíveis as teses que, baseando-se no efeito do drama trágico do Barroco, afirmam a sua coincidência com o efeito da tragédia no que respeita aos sentimentos de terror e piedade, para concluírem que este drama é uma autêntica tragédia – uma vez que Aristóteles jamais afirmou que só as tragédias podiam despertar terror e piedade. É assaz bizarro o comentário de um autor do passado: "Pelos seus estudos, Lohenstein inseriu-se de forma tão viva num

---

Era da vida anímica individual]. 3º vol., 1º tomo (= vol. 7, 1º tomo da série completa). 3ª ed. Berlim, 1912, p. 267.

[21] Cf. Hans Heinrich Borcherdt, *Augustus Buchner und seine Bedeutung für die deutsche Literatur des siebzehnten Jahrhunderts* [A. Buchner e a sua importância para a literatura alemã do século XVII]. Munique, 1919, p. 58. [A citação correta de Horácio, *De arte poetica*, 333, deveria ser: *Aut prodesse volunt aut delectare poetae*. (N.T.)]

mundo passado que esqueceu o seu próprio tempo, e teria sido mais compreensível, na expressão, no pensamento e nos sentimentos, a um público antigo do que ao da sua época".[22] Mais urgente que rebater tais extravagâncias, será chamar a atenção para o fato de que uma forma de arte não pode ser determinada a partir da constelação dos seus efeitos. "A perfeição da obra de arte em si mesma é a única e inalienável exigência. Pôr Aristóteles, que tinha diante de si o que há de mais perfeito, a pensar nos efeitos – que pobreza!"[23] São palavras de Goethe. Não importa agora se Aristóteles estará completamente acima da suspeita de que Goethe o absolve. Mas uma coisa é certa: a completa erradicação dos efeitos psicológicos, por ele definidos, da discussão metodológica na filosofia da arte é uma exigência imperiosa. Neste sentido se pronuncia Wilamowitz-Moellendorff: "é absolutamente necessário entender que a καθάρση [catarse] não pode ser um requisito específico do drama; e ainda que se quisesse aceitar que os efeitos por ele produzidos são constitutivos do gênero, aquela infeliz parelha do temor e da piedade continuaria a ser claramente insuficiente".[24] Mais infeliz ainda, e muito mais frequente do que as tentativas de salvar o drama trágico com recurso a Aristóteles, é aquele tipo de "apreciações" que, por meio de

---

[22] Conrad Müller, *Beiträge zum Leben und Dichten Daniel Caspers von Lohenstein* [Achegas para a vida e obra de Daniel Casper von Lohenstein]. Breslau, 1882, p. 72-73 (= *Germanistische* Abhandlungen. 1).

[23] Goethe, *Werke* [Obras] (= Weimarer Ausgabe). 4ª seção: *Cartas*, vol. 42 (Janeiro-Julho de 1827). Weimar, 1907, p. 104.

[24] Ulrich von Wilamowitz-Moellendorff, *Einleitung in die griechische Tragödie* [Introdução à tragédia grega]. Reprodução da primeira ed. de *Eurípides. Hércules I*, cap. I-IV. Berlim, 1907, p. 109.

aperçus ligeiros, pretende demonstrar a "necessidade" deste drama; com isso, torna-se difícil concluir se essa necessidade é um valor positivo ou a falência de qualquer juízo crítico. No domínio da história, a questão da necessidade das suas manifestações é, sem sombra de dúvida e em todos os casos, um *a priori*. O falso ornamento verbal da "necessidade", com que muitas vezes se decorou o drama trágico barroco, reverbera em muitas cores. Não se refere apenas à necessidade histórica, num contraste fútil com o mero acaso, mas também à necessidade subjetiva de uma *bona fides*, em contraste com o virtuosismo. Mas é elucidativo o fato de que nada se diz ainda com a constatação de que a obra nasce necessariamente de uma disposição subjetiva do seu autor. O mesmo acontece com aquela "necessidade" que entende, num contexto problemático, obras ou formas como estágios preliminares do seu desenvolvimento posterior. "Os conceitos de natureza e arte do século XVII poderão estar para sempre desfeitos e extintos; aquilo que, no entanto, se mantém vivo, sem murchar, sem se extinguir, sem se perder, são as descobertas no domínio dos assuntos e ainda mais as invenções técnicas desse século."[25] É assim que estudos mais recentes salvam a literatura desse tempo, mas tão somente como meio. A "necessidade"[26] destas apreciações cai numa esfera de equívocos, e ganha alguma plausibilidade apenas a partir do próprio conceito, esteticamente relevante, de

25 Herbert Cysarz, *Deutsche Barockdichtung. Renaissance, Barock, Rokoko* [Literatura do Barroco alemão. Renascimento, Barroco, Rococó]. Leipzig, 1924, p. 299.

26 Cf. J[ulius] Petersen, "Der Aufbau der Literaturgeschichte" [A construção da história literária], *in*: *Germanisch-romanische Monatsschrift*, n. 6 (1914), p. 1-16 e 129-152, especialmente as p. 149 e 151.

necessidade. É aquele conceito que Novalis tem em mente ao falar do caráter apriorístico das obras de arte como uma necessidade de estar aí, que lhes seria inerente.[27] É óbvio que esta só é acessível a uma análise capaz de apreender o seu conteúdo metafísico, mas escapa a toda a "apreciação" moderada. Também a recente tentativa de Cysarz se enreda, em última instância, nesta aporia. Aos estudos mais antigos escapavam os modos de aproximação completamente novos, mas nos mais recentes surpreende-nos o fato de ideias valiosas e observações rigorosas não chegarem a dar fruto, impedidas que são pelo sistema da poética classicista a que expressamente se referem. Em última análise, ouve-se aqui, não tanto a vontade clássica de "salvação", mas antes uma justificação não relevante. Nas obras mais antigas, é habitual neste contexto a referência à Guerra dos Trinta Anos, à qual se atribuem as culpas por todos os deslizes censuráveis na forma do drama barroco. *Ce sont, a-t-on dit bien de fois, des pièces écrites par des bourreaux et pour des bourreaux. Mais c'est ce qu'il fallait aux gens de ce temps là. Vivant dans une atmosphère de guerres, de luttes sanglantes, ils trouvaient ces scènes naturelles; c'était le tableau de leurs mœurs qu'on leur offrait. Aussi goûtèrent-ils naïvement, brutalement le plaisir qui leur était offert.* [Trata-se, como se disse por mais que uma vez, de peças escritas por carrascos para carrascos. Mas era disso que precisavam as pessoas naquele tempo. Vivendo numa atmosfera de guerras, de lutas sangrentas, elas achavam naturais essas cenas; o que se lhes oferecia era a imagem dos seus costumes, e por isso

[27] A citação não é identificada por Benjamin. Novalis fala do "caráter de necessidade de toda a obra de arte", por exemplo, nos *Novos Fragmentos* (1798-99), na seção "Poeticismos". (N.T.)

eles desfrutavam ingênua e brutalmente dos prazeres que lhes eram oferecidos].[28]

Desta forma a investigação do final do século se ia afastando irremediavelmente de uma exploração crítica da forma do drama trágico. O sincretismo dos estudos histórico-culturais, histórico-literários e biográficos com que essa investigação procurou substituir a reflexão propriamente estética tem na mais recente investigação um contraponto bem pouco inofensivo. Do mesmo modo que um doente em estado febril transforma todas as palavras que consegue apreender nas imagens obsessivas do delírio, assim também o espírito do tempo se volta para os testemunhos de mundos espirituais passados ou distantes, para deles se apropriar e os incorporar, sem amor, no ensimesmamento do seu fantasiar. É a marca deste tempo: não há estilo novo, não há tradição popular desconhecida que não fale logo, com plena evidência, à sensibilidade dos contemporâneos. A esta fatal e patológica característica de uma época altamente sugestionável, devido à qual o historiador procura sorrateiramente ocupar, por "substituição",[29] o lugar do criador, como se este, por ter criado a obra, fosse também o seu intérprete, deu-se o nome de "empatia", e com ela se ousa mascarar a simples curiosidade com o pobre disfarce do método. Nesta campanha conquistadora, a falta de autonomia da atual geração sucumbiu quase sempre à força imponente do Barroco, ao defrontar-se com ele. Até agora, só em muito poucos casos a mudança de perspectiva

---

[28] Louis G. Wysocki, *Andreas Gryphius et la tragédie allemande au XVIIe siècle*. Thèse de doctorat. Paris, 1892, p. 14.

[29] Petersen, *op. cit.*, p. 13.

introduzida pelo Expressionismo – não totalmente imune à poética da escola de George[30] – levou a uma autêntica compreensão do fenômeno, capaz de abrir novas conexões, não entre o crítico moderno e o seu objeto, mas no interior do próprio objeto.[31] Mas os velhos preconceitos começam a perder a sua vigência. Surpreendentes analogias com a situação atual da literatura alemã deram azo a um aprofundamento do Barroco, que, apesar de as mais das vezes ter uma orientação sentimental, é no geral positivo. Já em 1904 um historiador da literatura desta época escrevia: "Tenho a impressão de que, nos últimos dois séculos, nenhuma época revela, na sua sensibilidade artística, tantas afinidades com a busca de um estilo na literatura do Barroco como a dos nossos dias. Interiormente vazios ou profundamente dilacerados, exteriormente absorvidos por problemas técnico-formais que, à primeira vista, não se encontravam com as questões existenciais do seu tempo: eram assim quase todos os poetas barrocos, e assim são, pelo que nos é dado ver, pelo menos os poetas que mais contribuem para dar à produção do nosso tempo um perfil próprio".[32] Entretanto, a opinião expressa nestas frases, ainda tímida e reservada, assumiu um significado muito mais amplo. Em 1915 é publicada, dando início ao

---

[30] Cf. Christian Hofman von Hofmannswaldau, *Auserlesene Gedichte* [Poemas escolhidos]. Introd. de Felix Paul Greve. Leipzig, 1907, p. 8.

[31] Ver, no entanto, Arthur Hübscher, "Barock als Gestaltung antithetischen Lebensgefühls. Grundlegung einer Phaseologie der Geistesgeschichte" [O Barroco como expressão de um sentimento antitético da vida. Fundamentação de uma faseologia da história das ideias], *in*: *Euphorion*, n. 24 (1922), p. 517-562 e 759-805.

[32] Victor Manheimer, *Die Lyrik des Andreas Gryphius. Studien und Materialien* [A poesia de Andreas Gryphius. Estudos e materiais]. Berlim, 1904, p. XIII.

drama expressionista, a peça *Die Troerinnen* [As Troianas], de Werfel.[33] Não é por acaso que o mesmo assunto se encontra, em Opitz,[34] no início do drama do Barroco. Em ambas as obras a preocupação do poeta era o instrumento linguístico e a ressonância do lamento, e para isso não foram necessários, nem num caso nem no outro, processos artísticos complicados e artificiais, mas apenas uma arte prosódica moldada sobre o recitativo dramático. É sobretudo no plano da linguagem que as analogias entre as criações barrocas e as do passado recente e contemporâneas são mais evidentes. É próprio de ambas as épocas uma certa tendência para o exagero. Os produtos destas literaturas não nascem de uma existência comunitária; procuram antes, por um maneirismo violento, mascarar a ausência de produtos literários válidos. De fato, o Barroco, como o Expressionismo, é menos uma época do genuíno fazer artístico do que de um obstinado voluntarismo artístico. É o que sempre acontece com as chamadas épocas de decadência. A realidade suprema da arte é a obra isolada e completa. Por vezes, no entanto, a obra acabada só é acessível aos epígonos. São as épocas da "decadência" das artes, da afirmação do seu "voluntarismo". Isto explica que Riegl tenha cunhado este termo com referência à arte da última fase do império romano.[35] Este voluntarismo consegue chegar

---

[33] *As Troianas* de Eurípides, na adaptação de Franz Werfel, foi publicado em Leipzig em 1915.

[34] A peça de Martin Opitz é: *L. Annaei Senecae Trojanerinnen*, Wittenberg, 1625. (N.T.)

[35] Alois Riegl, *Die spät-römische Kunst-Industrie nach den Funden in Österreich-Ungarn* [A indústria artística da fase tardia do Império Romano, à luz dos achados feitos no território da Áustria-Hungria], Viena, 1901. Benjamin escreveu uma breve resenha desta obra em 1929. (N.T.)

apenas à forma como tal, mas não à obra singular e bem construída. É nesse voluntarismo que se funda a atualidade do Barroco, depois do colapso da cultura classicista alemã. A isso acrescenta-se a busca de um estilo vigoroso na linguagem, para a colocar à altura da violência dos acontecimentos do tempo. O hábito de fundir o adjetivo sem função adverbial com o respectivo substantivo não é invenção de hoje. *Großtanz* ["Grandedança"], *Großgedicht* ["Grandepoema"], i.e. poema épico, são vocábulos barrocos. Encontramos por toda a parte neologismos. Hoje, como então, o que muitos deles pretendem é criar um novo estilo patético. Cada poeta procurava dominar de modo pessoal a força mais íntima da imagem a partir da qual nasce a capacidade metafórica, precisa e delicada, da linguagem. A glória do poeta não lhe vinha tanto do discurso figurado, mas mais da criação de palavras metafóricas, como se a invenção linguística fosse a primeira atribuição da criação poética com as palavras. Os tradutores barrocos gostavam de usar expressões de grande força, que hoje em dia encontramos sobretudo na forma de arcaísmos, com os quais se julga chegar mais perto das próprias fontes da vida da linguagem. Esta violência é sempre a marca de uma produção na qual é difícil não ter de inserir uma expressão de forma acabada e conteúdo verdadeiramente substancial no espaço do conflito de forças em jogo. Nesse dilaceramento, o presente espelha determinados aspectos da mentalidade barroca, até ao nível de pormenor das práticas artísticas. Hoje opõem-se ao romance político – uma forma a que, antes como agora, se dedicaram autores importantes – as profissões de fé na *simple life*, na bondade natural do homem, por parte dos literatos pacifistas, tal como aconteceu com o drama pastoril do Barroco. O literato, cuja existência se desenrola, hoje como sempre, numa esfera afastada da vida ativa, volta a ser consumido por uma ambição para a qual, apesar de tudo, os poetas daquela época encontraram mais facilmente satisfação que os de hoje. Pois Opitz, Gryphius, Lohenstein puderam, de vez em quando, prestar os seus serviços ao Estado, agradecendo as recompensas recebidas. E aqui os paralelos que vimos traçando encontram um limite. O literato barroco sentia-se totalmente ligado ao ideal de uma estrutura política absolutista, apoiada pela Igreja de ambas as confissões. A atitude dos seus herdeiros de hoje, quando não é hostil ao Estado, revolucionária, é pelo menos marcada pela ausência de qualquer ideia de Estado. Enfim, para lá de muitas analogias, não podemos esquecer a grande diferença: na Alemanha do século XVII, a literatura, por pouca importância que a nação lhe desse, foi decisiva para o seu renascimento. Já os vinte anos de literatura alemã que aqui se referem para explicar o despertar do interesse por aquela época correspondem a um período de decadência, por mais promissora e fecunda que a época possa ser.

Tanto mais poderosa será por isso a impressão que agora pode ser produzida pela expressão de tendências afins do Barroco alemão, com os seus processos artísticos rebuscados. Frente a uma literatura que, pela complexidade da sua técnica, pela maturidade uniforme dos seus produtos e pela veemência dos seus juízos de valor, procurou, de certo modo, reduzir ao silêncio o mundo contemporâneo e a posteridade, é necessário enfatizar aquela atitude soberana e distanciada exigida pela representação da ideia de uma forma. Mesmo assim, não pode ser desprezado o perigo de sermos arrastados das alturas do conhecimento para as monstruosas profundezas da alma barroca. Encontramos frequentemente, nas tentativas de apreender o sentido desta época, aquela típica sensação vertiginosa que em nós provoca a visão do seu universo espiritual, com todas as suas contradições. "Até as mais íntimas expressões do Barroco, até os seus mínimos pormenores – talvez, sobretudo, eles – têm uma natureza antitética."[36] Só uma reflexão com longa tradição, disposta a, inicialmente, renunciar à visão da totalidade, poderá ensinar o espírito, numa escola de certo modo ascética, a alcançar aquela força que lhe permitirá contemplar um tal panorama sem perder o domínio de si. Foi o processo dessa aprendizagem que até aqui procuramos traçar.

---

[36] Wilhelm Hausenstein, *Vom Geist des Barock* [Do espírito do Barroco]. 3ª-5ª ed. Munique, 1921, p. 28.

Capítulo 2

Constelação como crítica à linearidade histórica

"Sobre o conceito da história", capítulo de *O anjo da História*

I

É conhecida a história daquele autômato que teria sido construído de tal maneira que respondia a cada lance de um jogador de xadrez com um outro lance que lhe assegurava a vitória na partida. Diante do tabuleiro, assente sobre uma mesa espaçosa, estava sentado um boneco em traje turco, cachimbo de água na boca. Um sistema de espelhos criava a ilusão de uma mesa transparente de todos os lados. De fato, dentro da mesa estava sentado um anãozinho corcunda, mestre de xadrez, que conduzia os movimentos do boneco por meio de um sistema de arames. É possível imaginar o contraponto dessa aparelhagem na filosofia. A vitória está sempre reservada ao boneco a que se chama "materialismo histórico". Pode desafiar qualquer um se tiver ao seu serviço a teologia, que, como se sabe, hoje é pequena e feia e, assim como assim, não pode aparecer à luz do dia.

II

"Entre as mais notáveis características do espírito humano", diz Lotze,[1] "conta-se [...], no meio de tantas

---

[1] Hermann Lotze, *Mikrokosmos. Ideen zur Naturgeschichte und Geschichte der Menschheit. Versuch einer Anthropologie* [Microcosmo. Ideias para

formas particulares de egoísmo, a ausência generalizada de inveja de cada presente em relação ao seu futuro." Essa reflexão leva a que a imagem de felicidade a que aspiramos esteja totalmente repassada do tempo que nos coube para o decurso da nossa própria existência. Uma felicidade que fosse capaz de despertar em nós inveja só existe no ar que respiramos, com pessoas com quem pudéssemos ter falado, com mulheres que se nos pudessem ter entregado. Por outras palavras: na ideia que fazemos da felicidade vibra também inevitavelmente a da redenção. O mesmo se passa com a ideia de passado de que a história se apropriou. O passado traz consigo um *index* secreto que o remete para a redenção. Não passa por nós um sopro daquele ar que envolveu os que vieram antes de nós? Não é a voz a que damos ouvidos um eco de outras já silenciadas? As mulheres que cortejamos não têm irmãs que já não conheceram? A ser assim, então existe um acordo secreto entre as gerações passadas e a nossa. Então, fomos esperados sobre esta Terra. Então, foi-nos dada, como a todas as gerações que nos antecederam, uma tênue força messiânica a que o passado tem direito. Não se pode rejeitar de ânimo leve esse direito. E o materialista histórico sabe disso.

III

O cronista, que narra os acontecimentos em cadeia, sem distinguir entre grandes e pequenos, faz jus à verdade, na medida em que nada do que uma vez aconteceu pode ser dado como perdido para a história. É verdade que só à

---

uma história natural e para a história da humanidade. Ensaio de antropologia]. Leipzig, 1864, v. 3, p. 49. (N.T.)

humanidade redimida será dada a plenitude do seu passado. E isso quer dizer que só para a humanidade redimida o passado se tornará citável em cada um dos seus momentos. Cada um dos instantes que ela viveu se torna uma *citation à l'ordre du jour* – e esse dia é o do Juízo Final.

IV

Tratai primeiro do comer e do vestir, e o reino de Deus será naturalmente vosso.
Hegel, 1807[2]

A luta de classes, que um historiador formado em Marx tem sempre diante dos olhos, é uma luta pelas coisas duras e materiais, sem as quais não podem existir as requintadas e espirituais. E, apesar disso, estas últimas estão presentes na luta de classes de modo diverso da ideia dos despojos que cabem ao vencedor depois do saque. Elas estão vivas nessa luta sob a forma de confiança, coragem, humor, astúcia, constância, e atuam retroativamente sobre os tempos mais distantes. Elas porão permanentemente em causa todas as vitórias que algum dia coube às classes dominantes. Tal como as flores se voltam para o sol, assim também, por força de um heliotropismo secreto, o passado aspira a poder voltar-se para aquele sol que está a levantar-se no céu da história. O materialista histórico tem de saber lidar com essa transformação, a mais insignificante de todas.

---

[2] Carta de Hegel (datada de 30 de agosto de 1807) a Karl Ludwig von Knebel (1744-1834), escritor e tradutor de autores clássicos, amigo de Goethe e Schiller. (N.T.)

V

A verdadeira imagem do passado passa por nós de forma fugidia. O passado só pode ser apreendido como imagem irrecuperável e subitamente iluminada no momento do seu reconhecimento. "A verdade não nos foge": essa fórmula de Gottfried Keller[3] assinala, na concepção da história própria do historicismo, precisamente o ponto em que essa concepção é destruída pelo materialismo histórico. Porque é irrecuperável toda a imagem do passado que ameaça desaparecer com todo o presente que não se reconheceu como presente intencionado nela.

VI

Articular historicamente o passado não significa reconhecê-lo "tal como ele foi". Significa apoderarmo-nos de uma recordação (*Erinnerung*) quando ela surge como um clarão num momento de perigo. Ao materialismo histórico interessa-lhe fixar uma imagem do passado tal como ela surge, inesperadamente, ao sujeito histórico no momento do perigo. O perigo ameaça tanto o corpo da tradição como aqueles que a recebem. Para ambos, esse perigo é um e apenas um: o de nos transformarmos em instrumentos das classes dominantes. Cada época deve tentar sempre arrancar a tradição da esfera do conformismo que se prepara para

---

[3] Gottfried Keller (1819-1890): romancista e poeta suíço, geralmente incluído no chamado "realismo burguês", mas mais crítico do que os seus pares alemães e austríacos, influenciado pelo materialismo filosófico de Feuerbach e pelo ideário liberal. Não me foi possível localizar a fonte da "fórmula" citada. (N.T.)

dominá-la. Pois o Messias não vem apenas como redentor, mas como aquele que superará o Anticristo. Só terá o dom de atiçar no passado a centelha da esperança aquele historiador que tiver apreendido isto: nem os mortos estarão seguros se o inimigo vencer. E esse inimigo nunca deixou de vencer.

VII

Pensem nas trevas e na grande friagem
Neste vale onde ecoam as lamentações.
Brecht, *A Ópera de Três Vinténs*[4]

Fustel de Coulanges[5] recomenda ao historiador que pretenda reconstruir uma época que ignore tudo o que conhece do desenrolar histórico posterior. Não se poderia caracterizar melhor o método com o qual o materialismo histórico acabou de vez. Esse método é o da empatia. As suas origens encontram-se na indolência do coração, a acédia, incapaz de se apoderar da autêntica imagem histórica que subitamente se ilumina. Para os teólogos da Idade Média, ela era a causa última da tristeza. Flaubert, depois de travar conhecimento com ela, escreve: "*Peu de gens devineront combien il a fallu être triste pour ressusciter Carthage*".[6] A natureza dessa tristeza torna-se mais clara se procurarmos saber qual é, afinal, o objeto de empatia do historiador de orientação historicista. A resposta é, inegavelmente, só uma: o vencedor. Mas, em cada momento,

---

4 III, 9. (N.T.)

5 Historiador francês (1830-1889), autor de uma obra que fez época: *La cité antique*, de 1864. (N.T.)

6 Na correspondência com Louise Colet, referindo-se ao seu romance *Salammbô*. (N.T.)

os detentores do poder são os herdeiros de todos aqueles que antes foram vencedores. Daqui resulta que a empatia que tem por objeto o vencedor serve sempre aqueles que, em cada momento, detêm o poder. Para o materialista histórico não será preciso dizer mais nada. Aqueles que, até hoje, sempre saíram vitoriosos integram o cortejo triunfal que leva os senhores de hoje a passar por cima daqueles que hoje mordem o pó. Os despojos, como é da praxe, são também levados no cortejo. Geralmente lhes é dado o nome de patrimônio cultural. Eles poderão contar, no materialista histórico, com um observador distanciado, pois o que ele pode abarcar desse patrimônio cultural provém, na sua globalidade, de uma tradição em que ele não pode pensar sem ficar horrorizado. Porque ela deve a sua existência não apenas ao esforço dos grandes gênios que a criaram, mas também à escravidão anônima dos seus contemporâneos. Não há documento de cultura que não seja também documento de barbárie. E, do mesmo modo que ele não pode libertar-se da barbárie, assim também não o pode o processo histórico em que ele transitou de um para outro. Por isso o materialista histórico se afasta quanto pode desse processo de transmissão da tradição, atribuindo-se a missão de escovar a história a contrapelo.

VIII

A tradição dos oprimidos ensina-nos que o "estado de exceção" em que vivemos é a regra. Temos de chegar a um conceito de história que corresponda a essa ideia. Só então se perfilará diante dos nossos olhos, como nossa tarefa, a necessidade de provocar o verdadeiro estado de exceção; e assim a nossa posição na luta contra o fascismo melhorará. A hipótese de ele se afirmar reside em grande parte no fato de os seus opositores o verem como uma norma histórica, em nome do progresso. O espanto por as coisas a que assistimos "ainda" poderem ser assim no século vinte não é um espanto filosófico. Ele não está no início de um processo de conhecimento, a não ser o de que a ideia de história de onde provém não é sustentável.

IX

A minha asa está pronta para o voo altivo:
se pudesse, voltaria;
pois ainda que ficasse tempo vivo
pouca sorte teria.
Gerhard Scholem, "Gruß vom Angelus"[7]
[Saudação do Angelus]

Há um quadro de Klee intitulado *Angelus Novus*. Representa um anjo que parece preparar-se para se afastar de qualquer coisa que olha fixamente. Tem os olhos

---

[7] O texto integral deste poema de Gershom Scholem, escrito a partir do quadro de Klee que esteve durante muito tempo na sua casa de Munique, e enviado a Benjamin no dia do seu aniversário, em 15 de julho de 1921, encontra-se na edição completa das cartas (GB II, 174-175). Transcrevo a versão completa em tradução: "Aqui da parede, nobre, / não pouso o olhar em ninguém, / venho do céu que vos cobre / sou homem-anjo do Além // No meu reino o homem é bom / mas não é nele que aposto / recebo do Alto o dom / e não preciso de rosto // A região de onde vim / tem medida e luz sem fundo: / o que me faz ser assim / é prodígio no vosso mundo // Dentro de mim está a urbe / para onde Deus me mandou / o anjo com este selo / nunca ela o deslumbrou // Minha asa está pronta para o voo altivo: / se pudesse, voltaria / pois ainda que ficasse tempo vivo / pouca sorte teria // Os meus olhos são negros e fundos / e nunca se esvazia o meu olhar / sei muita coisa deste mundo / sei o que venho anunciar // Não sou simbólico nem trágico / significo o que sou, é tudo / em vão giras o anel mágico / pois em mim não há sentido". (N.T.)

esbugalhados, a boca escancarada e as asas abertas. O anjo da história deve ter esse aspecto. Voltou o rosto para o passado. A cadeia de fatos que aparece diante dos nossos olhos é para ele uma catástrofe sem fim, que incessantemente acumula ruínas sobre ruínas e lhas lança aos pés. Ele gostaria de parar para acordar os mortos e reconstituir, a partir dos seus fragmentos, aquilo que foi destruído. Mas do paraíso sopra um vendaval que se enrodilha nas suas asas, e que é tão forte que o anjo já não as consegue fechar. Esse vendaval arrasta-o imparavelmente para o futuro, a que ele volta as costas, enquanto o monte de ruínas à sua frente cresce até o céu. Aquilo a que chamamos o progresso é este vendaval.

X

Os objetos de meditação recomendados aos frades pela regra do convento tinham a função de afastá-los do mundo e da sua atividade. A ordem de ideias que aqui desenvolvemos resultou de uma orientação semelhante. Num momento em que os políticos, nos quais os adversários do fascismo tinham depositado as suas esperanças, estão em decadência e acentuam a derrota com a traição da sua própria causa, a intenção dessa ordem de ideias é a de libertar o cidadão político do mundo das redes em que eles o enredaram. Partimos do princípio de que a crença cega no progresso por parte desses políticos, a confiança que têm nas suas "bases de apoio" e finalmente a sua inserção servil num aparelho incontrolável constituíram três aspectos do mesmo problema. E procuramos evidenciar o alto preço que o nosso modo habitual de pensar tem de pagar por uma concepção da história que evita qualquer tipo de cumplicidade com aquela em que continuam a acreditar esses políticos.

XI

O conformismo que desde sempre foi apanágio da social-democracia prende-se não apenas com a sua tática política, mas também com as suas ideias econômicas. E está na origem da sua derrocada recente. Nada corrompeu mais as classes trabalhadoras alemãs do que a ideia de que elas estavam integradas na corrente dominante. O desenvolvimento técnico foi visto por elas como o declive da corrente que julgavam acompanhar. Daqui até a ilusão de que o trabalho na fábrica, visto como fazendo parte desse progresso técnico, representava uma conquista política, foi apenas um passo. A velha moral protestante do trabalho, agora em forma secularizada, comemorava com os trabalhadores alemães a sua ressurreição. O Programa de Gotha revela já sinais dessa fundamental confusão, ao definir o trabalho como "a fonte de toda a riqueza e de toda a cultura". Antevendo coisas terríveis, Marx respondera já que o ser humano que não possua outra riqueza a não ser a força de trabalho "será necessariamente escravo dos outros seres humanos, os que se transformaram em proprietários".[8] Apesar disso, a confusão continua a grassar, e pouco depois Josef Dietzgen anuncia: "O trabalho é o nome do redentor dos tempos novos. Na melhoria do trabalho [...], é nisso que consiste a riqueza, que agora será capaz de tornar realidade o que até agora nenhum redentor foi capaz de fazer".[9]

---

8 A edição de referência de Benjamin é: Karl Marx, *Randglossen zum Programm der Deutschen Arbeiterpartei* [Notas à margem do programa do Partido dos Trabalhadores Alemães], ed. Karl Korsch. Berlim/Leipzig, 1922, p. 22. (N.T.)

9 Josef Dietzgen, *Sämtliche Schriften* [Obras Completas], ed. Eugen Dietzgen. Wiesbaden, 1911, vol. 1, p. 175. (N.T.)

Essa concepção do trabalho própria da vulgata marxista não se preocupa muito em responder à questão de saber como é que o seu produto pode reverter a favor dos trabalhadores enquanto eles não forem detentores do produto desse trabalho. É uma concepção que apenas leva em conta os progressos na dominação da natureza, mas não os retrocessos da sociedade. Revela já aqueles traços tecnocráticos que mais tarde iremos encontrar no fascismo. Deles faz parte uma ideia de natureza que se distingue de forma ominosa das utopias socialistas do período do *Vormärz*.[10] O trabalho, tal como agora é entendido, tem como finalidade a exploração da natureza, que é contraposta, com ingênua complacência, à exploração do proletariado. Comparadas com essas posições positivistas, as fantasmagorias de um Fourier, que tanto deram ocasião a chacotas, revelam-se surpreendentemente aceitáveis. Segundo Fourier, o trabalho social bem organizado teria como consequência que quatro luas iluminariam a noite da Terra, para que o gelo desaparecesse dos polos, a água do mar deixasse de ser salgada e os animais selvagens fossem colocados ao serviço do homem. Tudo isso ilustra uma ideia de trabalho que, longe de explorar a natureza, seria capaz de libertar dela as forças criativas que dormem em latência no seu seio. A ideia corrompida do trabalho tem como complemento a natureza cuja exploração, como dizia Dietzgen, "é grátis".[11]

---

[10] *Vormärz*: literalmente "antes de março". O período que antecede as revoluções burguesas de 1848, em que se assiste à consolidação das ideias liberais e ao aparecimento do socialismo. (N.T.)

[11] O contexto em que surge a afirmação é o seguinte: "Desde Adam Smith que a economia nacional reconhece que na natureza, que está aí e é grátis, apenas o trabalho produz todo o capital e os respectivos juros" (Dietzgen, *op. cit.*, p. 175). (N.T.)

XII

Precisamos da história, mas de maneira diferente
da do ocioso mimado no jardim do saber.
Nietzsche, *Das Vantagens e dos*
Inconvenientes da História para a Vida[12]

O sujeito do conhecimento histórico é a própria classe lutadora e oprimida. Em Marx, ela surge como a última classe subjugada, a classe vingadora que levará às últimas consequências a obra de libertação em nome de gerações de vencidos. Essa consciência, que se manifestou por pouco tempo ainda no Movimento Espartaquista,[13] foi sempre suspeita para a social-democracia. Em três décadas, ela conseguiu praticamente apagar o nome de um Blanqui,[14] um eco maior que abalou o século passado. Empenhou-se em atribuir às classes trabalhadoras o papel de salvadoras das gerações futuras. Com isso, cortou-lhes o tendão das suas melhores forças. Nessa escola, essas classes desaprenderam

---

[12] A citação vem da segunda das *Considerações Intempestivas*. (N.T.)

[13] A Liga Espartaquista (*Spartakusbund*), movimento da esquerda socialista fundado por Karl Liebknecht e Rosa Luxemburg em 1916, como reação à política do SPD durante a Primeira Guerra Mundial. A Liga, que se manteve independente durante as revoluções de 1918, defendendo uma República de Conselhos, seria absorvida pelo Partido Comunista da Alemanha em 1919. (N.T.)

[14] Louis-Auguste Blanqui (1805-1881): figura revolucionária da Comuna de Paris e autor de uma obra que exerceu grande influência sobre a filosofia da História de Benjamin, *L'éternité par les astres* (1872). Sobre Blanqui e Benjamin, ver: João Barrento, "Ler o que não foi escrito. Conversa inacabada entre Walter Benjamin e Paul Celan", *in*: *Limiares. Sobre Walter Benjamin*. Florianópolis, Editora da UFSC, 2012. (N.T.)

logo tanto o ódio como o espírito de sacrifício. Pois ambos se alimentam da imagem dos antepassados oprimidos, mas não do ideal dos descendentes livres.

XIII

Não há dúvida de que a cada dia que passa a nossa causa se torna mais clara, e o povo mais esclarecido.
Josef Dietzgen, *Filosofia Social-Democrata*[15]

A teoria social-democrata, e ainda mais a sua prática, foi determinada por um conceito de progresso que não levou em conta a realidade, mas partiu de uma pretensão dogmática. O progresso, tal como o imaginavam as cabeças dos social-democratas, era, por um lado, um progresso da própria humanidade (e não apenas das suas capacidades e conhecimentos). Em segundo lugar, era um progresso que nunca estaria concluído (correspondendo a uma perfectibilidade infinita da humanidade). E era visto, em terceiro lugar, como essencialmente imparável (com um percurso autônomo de forma contínua ou espiralada). Qualquer desses atributos é controverso, e a nossa crítica poderia começar por qualquer um deles. Mas, quando as posições se extremam, a crítica tem de recuar até a raiz desses atributos e fixar-se num ponto que é comum a todos. A ideia de um progresso do gênero humano na história não se pode separar da ideia da sua progressão ao longo de um tempo homogêneo e vazio. A crítica da ideia dessa progressão tem de ser a base da crítica da própria ideia de progresso.

[15] Dietzgen, *op. cit.*, p. 176. (N.T.)

XIV

As origens são o objetivo.
Karl Kraus, *Worte in Versen I*[16]
[Palavras em Verso I]

A história é objeto de uma construção cujo lugar é constituído não por um tempo vazio e homogêneo, mas por um tempo preenchido pelo Agora (*Jetztzeit*). Assim, para Robespierre, a Roma antiga era um passado carregado de Agora, que ele arrancou ao contínuo da história. E a Revolução Francesa foi entendida como uma Roma que regressa. Ele citava a velha Roma tal como a moda cita um traje antigo. A moda fareja o atual onde quer que se mova na selva do outrora. Ela é o salto de tigre para o passado. Acontece que ele se dá numa arena onde quem comanda é a classe dominante. O mesmo salto, mas sob o céu livre da história, é o salto dialético com que Marx definiu a revolução.

XV

A consciência de destruir o contínuo da história é própria das classes revolucionárias no momento da sua ação. A Grande Revolução introduziu um novo calendário. O dia com que se inicia um calendário funciona como um dispositivo de concentração do tempo histórico. E é, no fundo, sempre o mesmo dia que se repete, sob a forma dos dias

---

16 A obra referida de Karl Kraus foi publicada em nove volumes, entre 1916 e 1930. A citação vem da seção intitulada “O homem moribundo”. (N.T.)

feriados, que são dias de comemoração. Isso quer dizer que os calendários não contam o tempo como os relógios. São monumentos de uma consciência histórica da qual parecem ter desaparecido todos os vestígios na Europa dos últimos cem anos. Na Revolução de julho aconteceu ainda um incidente em que essa consciência ganhou expressão. Chegada a noite do primeiro dia de luta, aconteceu que, em vários locais de Paris, várias pessoas, independentemente umas das outras e ao mesmo tempo, começaram a disparar contra os relógios das torres. Uma testemunha ocular, que talvez deva o seu poder divinatório à força da rima, escreveu nessa altura:

Qui le croirait! on dit qu'irrités contre l'heure
De nouveaux Josués, au pied de chaque tour,
Tiraient sur les cadrans pour arrêter le jour.

[Incrível! Irritados com a hora, dir-se-ia,
Os novos Josués, aos pés de cada torre,
Alvejam os relógios, para suspender o dia.]

XVI

O materialista histórico não pode prescindir de um conceito de presente que não é passagem, mas no qual o tempo se fixou e parou. Porque esse conceito é precisamente aquele que define o presente no qual ele escreve história para si. O historicismo propõe a imagem "eterna" do passado; o materialista histórico faz desse passado uma experiência única. Deixa aos outros o papel de se entregarem, no bordel do historicismo, à prostituta chamada "Era uma vez". Ele permanece senhor das suas forças, suficientemente forte para destruir o contínuo da história.

XVII

O historicismo culmina, como tinha de ser, na história universal. A historiografia materialista demarca-se dela pelo seu método, de forma talvez mais clara do que qualquer outra. A primeira concepção não dispõe de qualquer armadura teórica. O seu método é aditivo: oferece a massa dos fatos acumulados para preencher o tempo vazio e homogêneo. A historiografia materialista, por seu lado, assenta sobre um princípio construtivo. Do pensar faz parte não apenas o movimento dos pensamentos, mas também a sua paragem. Quando o pensar se suspende subitamente, numa constelação carregada de tensões, provoca nela um choque através do qual ela cristaliza e se transforma numa monada. O materialista histórico ocupa-se de um objeto histórico apenas quando este se lhe apresenta como uma tal monada. Nessa estrutura, ele reconhece o sinal de uma paragem messiânica do acontecer ou, por outras palavras, o sinal de uma oportunidade revolucionária na luta pelo passado reprimido. E aproveita essa oportunidade para forçar uma determinada época a sair do fluxo homogêneo da história; assim, arranca uma determinada vida à sua época e uma determinada obra ao conjunto de uma *œuvre*. O resultado produtivo desse seu método consiste em mostrar como na obra se contém e se supera a *œuvre*, nesta a época e na época toda a evolução histórica. O fruto suculento do objeto historicamente compreendido tem no seu interior o tempo, como uma semente preciosa, mas destituída de gosto.

XVIII

"Os insignificantes cinco milênios do *Homo sapiens*", diz um biólogo da nova geração, "correspondem, em comparação com a história da vida orgânica na Terra, a qualquer coisa como dois segundos no fim de um dia com vinte e quatro horas. E toda a história da civilização humana, se a inseríssemos nesse registro, mais não seria do que um quinto do último segundo da última hora". O Agora (*Jetztzeit*), que, como modelo do tempo messiânico, concentra em si, numa abreviatura extrema, a história de toda a humanidade, corresponde milimetricamente àquela figura da história da humanidade no contexto do universo.

Apêndice

A

O historicismo limitou-se a estabelecer um nexo causal entre vários momentos da história. Mas um fato, por ser causa de outro, não se transforma por isso em fato histórico. Tornou-se nisso postumamente, em circunstâncias que podem estar a milênios de distância dele. O historiador que partir dessa ideia desfia os acontecimentos pelos dedos como um rosário. Apreende a constelação em que a sua própria época se insere, relacionando-se com uma determinada época anterior. Com isso, ele fundamenta um conceito de presente como Agora (*Jetztzeit*), um tempo no qual se incrustaram estilhaços do messiânico.

B

O tempo que os áugures interrogavam para saber o que ele trazia no seu ventre não era certamente visto como tempo homogêneo ou vazio. Quem tiver isso presente, talvez possa fazer uma ideia de como o tempo passado foi experienciado na presentificação anamnésica (*Eingedenken*) – exatamente dessa maneira. Como se sabe, os Judeus estavam proibidos de investigar o futuro. Pelo contrário, a Torá e as orações ensinam a prática dessa presentificação anamnésica. Isso retirava ao futuro o seu caráter mágico, que era aquilo que procuravam os que recorriam aos áugures. Mas isso não significa que, para os Judeus, o tempo fosse homogêneo e vazio, pois nele cada segundo era a porta estreita por onde podia entrar o Messias.

Capítulo 3

Constelação, colecionismo e curadoria

"Eduard Fuchs, colecionador e historiador",
capítulo de *O anjo da História*

I

A obra de Eduard Fuchs, que ocupou toda uma vida, pertence ao passado recente. Um olhar retrospectivo sobre essa obra coloca-nos perante todas as dificuldades inerentes à tentativa de dar conta desse passado mais recente, que é ao mesmo tempo o passado recente da teoria marxista da arte, da qual nos ocuparemos aqui. E isso não facilita a nossa tarefa, pois, contrariamente ao que acontece com a teoria econômica, esta não tem ainda história. Os mestres, Marx e Engels, não fizeram mais do que sugerir que existe nela um vasto campo de trabalho. E os primeiros a ocupar-se dele, um Plekhanov, um Mehring,[1] só de forma indireta ou muito tarde

[1] Franz Mehring (1846-1919) é autor de uma das primeiras biografias de Marx (*Karl Marx*. Lisboa, Presença, 1974), e o seu livro *Die Lessing-Legende* [Lessing: A Lenda], publicado em 1893, é o primeiro grande trabalho de teoria e crítica literárias marxistas. Mehring é acompanhado nessa fase pioneira pelo seu contemporâneo russo G. W. Plekhanov (1856-1918). De Plekhanov foi publicado em português *A Arte e a Vida Social (1912-1913)*. Lisboa, Moraes Editores, 1977. Sobre os primórdios e os desenvolvimentos da teoria marxista da arte, pode ler-se: João Barrento, "De Weimar a Moscovo. A teoria marxista do realismo e da literatura entre as duas guerras", introdução

absorveram a lição dos mestres. A tradição que vai de Marx a Bebel,[2] passando por Wilhelm Liebknecht[3] aproveitou mais à vertente política do que à científica do marxismo. Mehring passou pelo nacionalismo e, logo, pela escola de Lassalle.[4] E quando chegou ao partido dominava aí, segundo Kautsky, "do ponto de vista teórico, um Lassalianismo mais ou menos vulgar. Não se podia falar, a não ser em algumas personalidades isoladas, de um pensamento marxista coerente".[5] Mehring só relativamente tarde entrou em contato com Engels, já no fim da vida deste. Fuchs, por seu lado, encontrou-se cedo com Mehring. Na relação entre os dois esboça-se pela primeira vez uma tradição da linha materialista histórica no âmbito da história das ideias. Mas o domínio de trabalho de Mehring – a história literária – tinha, no espírito dos dois estudiosos, poucos pontos de contato com o de Fuchs. E mais decisiva ainda é a diferença das suas orientações: Mehring era um erudito, Fuchs, um colecionador.

Há muitos tipos de colecionadores, e em cada um deles atua um feixe de impulsos. Enquanto colecionador,

---

a *Realismo-Materialismo-Utopia*, organ. João Barrento. Lisboa, Moraes Editores, 1978. (N.T.)

2 August Bebel (1840-1913): político socialista e dirigente do movimento operário, cofundador do Partido Social-Democrata Alemão. (N.T.)

3 Wilhelm Liebknecht (1826-1900): fundador do Partido Social-Democrata Alemão, aproxima-se da Liga Comunista de Marx e Engels e torna-se um dos mais destacados deputados socialistas da era bismarckiana. (N.T.)

4 Ferdinand Lassalle (1825-1864): escritor e político, primeiro presidente da Associação Geral dos Trabalhadores Alemães (1863), que prepara o nascimento do Partido Social-Democrata. (N.T.)

5 Karl Kautsky, "Franz Mehring", in: *Die Neue Zeit*, vol. XXII (Stuttgart, 1904), n. 1, p. 103-104.

Fuchs foi sobretudo um pioneiro: fundador de um arquivo, único da sua espécie, que documenta a história da caricatura, da arte erótica e dos quadros de costumes. Mais importante é, porém, uma outra circunstância: foi enquanto pioneiro que Fuchs se tornou colecionador, concretamente como pioneiro da teoria materialista da arte. No entanto, o que fez desse materialista um colecionador foi a intuição mais ou menos clara de uma situação histórica na qual se viu inserido. Era a situação do próprio materialismo histórico.

Essa situação está expressa numa carta que Friedrich Engels dirigiu a Mehring na mesma altura em que, na redação de um jornal socialista, Fuchs alcançava as suas primeiras vitórias jornalísticas. A carta tem data de 14 de julho de 1893, e nela se pode ler, entre outras coisas, o seguinte: "Aquilo que mais contribui para a cegueira da maior parte das pessoas é essa aparência de uma história autônoma das formas de organização política, dos sistemas do Direito, das concepções ideológicas nos seus respectivos domínios específicos. Quando acontece a 'superação' da religião católica oficial por Lutero e Calvino, quando Hegel supera Fichte e Kant, ou Rousseau, indiretamente, com o seu Contrato Social, o constitucionalista Montesquieu, trata-se de um processo que permanece adentro dos limites da teologia, da filosofia, da teoria política, que representa uma etapa na história dessas áreas de pensamento e não sai delas. E desde que a ilusão burguesa da natureza eterna e em absoluto definitiva da produção capitalista chegou a essa conclusão, até a superação dos mercantilistas pelos fisiocratas e Adam Smith é vista como uma mera vitória do pensamento, não como o reflexo, no pensamento, da transformação de fatos econômicos, mas como a visão correta e finalmente alcançada de condições reais eterna e universalmente vigentes".[6]

Engels contesta aqui duas práticas: em primeiro lugar, a do hábito, na história das ideias, de apresentar um novo dogma como "evolução" de um anterior, uma nova escola literária como "reação" a outra, um novo estilo como "superação" do que o precede; mas contesta também, implicitamente, o hábito de apresentar essas novas constelações separadas dos seus efeitos sobre as pessoas e do seu processo de produção, tanto espiritual como econômico. Com isso, dá o golpe de misericórdia nas "ciências do espírito" enquanto história das formas de organização política ou das ciências da natureza, da religião ou da arte. Mas a força explosiva dessa ideia, que Engels não abandona durante meio século,[7] alcança mais fundo. Questiona o caráter fechado das várias áreas do saber e da sua produção – por exemplo, no que se refere à arte, o seu próprio e o das obras que se propõe englobar. Para aquele que delas se ocupa usando os instrumentos da dialética histórica, essas obras integram a sua pré e a sua pós-história – uma pós-história dada a qual também a sua pré-história se torna reconhecível como um processo de transformação permanente. Elas ensinam-lhe como a sua função é capaz de sobreviver ao seu criador e de

---

[6] Citado por Gustav Mayer, *Friedrich Engels. Eine Biographie* [Friedrich Engels. Uma biografia], vol. II: *Friedrich Engels und der Aufstieg der Arbeiterbewegung in Europa* [F. Engels e a Ascensão do Movimento Operário na Europa]. Berlim, p. 450-451.

[7] A ideia surge nos primeiros escritos sobre Feuerbach, e recebe aí a seguinte formulação por parte de Marx: "Não existe uma história da política, do direito, da ciência [...], da arte, da religião" (*Marx-Engels Archiv*, Revista do Instituto Marx-Engels de Moscou. Ed. por D. Rjazanov, vol. I, Frankfurt, 1928, p. 301).

fazê-lo deixar para trás as suas intenções; e como a recepção pelos contemporâneos é parte integrante do efeito que a obra de arte exerce hoje sobre nós próprios, e como este último assenta no encontro não apenas com a obra, mas também com a história, que permitiu que ela chegasse aos nossos dias. Goethe deu a entender isso, de forma velada, como tantas vezes faz, numa conversa sobre Shakespeare com o chanceler von Müller: "Tudo aquilo que exerceu uma grande influência não pode, de fato, ser já objeto de um juízo".[8] Não haverá palavras mais adequadas para suscitar o desassossego provocado pelo começo de qualquer ocupação com a história que mereça a designação de dialética. Desassossego pelo desafio ao investigador no sentido de abandonar a atitude tranquila e contemplativa em relação ao seu objeto, para tomar consciência da constelação crítica em que se situa precisamente esse fragmento, precisamente nesse presente. "A verdade não nos foge": essa fórmula de Gottfried Keller assinala, na concepção da história própria do historicismo, precisamente o ponto em que essa concepção é destruída pelo materialismo histórico. Porque é irrecuperável toda imagem do passado que ameaça desaparecer com todo presente que não se reconheceu como presente intencionado nela.[9]

Quanto melhor refletirmos sobre as frases de Engels, tanto mais claro se tornará que toda exposição dialética da

---

[8] A forma original da citação, na conversa com von Müller em 11 de junho de 1822, é a seguinte: "Um livro que teve uma grande repercussão não pode, de fato, ser já objeto de um juízo". (N.T.)

[9] Esta passagem, bem como mais três dos dois parágrafos seguintes, será retomada nas teses "Sobre o conceito da História", incluídas neste volume: teses V, XIV, XVI, XVII. (N.T.)

história implica a renúncia a uma atitude contemplativa característica do historicismo. O materialista histórico tem de renunciar ao elemento épico da história. Para ele, ela torna-se objeto de uma construção cujo lugar é constituído não por um tempo vazio, mas por uma época, uma vida, uma obra determinada. Ele arranca a época à "continuidade histórica" reificada, e assim também a vida à sua época e uma determinada obra ao conjunto de uma *œuvre*. Mas o resultado produtivo dessa construção tem como resultado que *na* obra se contém e se supera a *œuvre*, *nesta* a época e *na* época toda a evolução histórica.[10]

O historicismo propõe a imagem eterna do passado; o materialista histórico fá-lo acompanhar de uma experiência que é única. A substituição do momento épico pelo construtivo revela ser a condição dessa experiência. Nela libertam-se as gigantescas forças que permanecem presas ao "Era uma vez" do historicismo. Acionar no contexto da história a experiência que é para cada presente uma experiência originária – é essa a tarefa do materialista histórico, que se dirige a uma consciência do presente que destrói o contínuo da história.

A compreensão histórica é entendida pelo materialista histórico como pós-vida do objeto de compreensão, cujo pulsar se faz sentir até o presente. Essa compreensão tem o seu lugar em Fuchs, apesar de ele não estar acima de qualquer

---

[10] É a construção dialética que distingue aquilo que, na experiência histórica, nos afeta a partir das origens, contra o inventário indiscriminado dos fatos: "O que é próprio da origem nunca se dá a ver no plano do factual, cru e manifesto. O seu ritmo só se revela a um ponto de vista duplo. A origem [...] tem a ver com a pré e a pós-história dos fatos" (W. Benjamin, *Origem do drama trágico alemão* [Autêntica Ed., 2011, p. 34]).

crítica. Nele coexistem uma ideia antiga, dogmática e ingênua da recepção com a sua forma nova e crítica. A primeira pode resumir-se na afirmação de que a recepção determinante de uma obra deve ser para nós aquela que ela teve entre os seus contemporâneos. É a perfeita analogia do postulado de Ranke [...] "Tal como foi realmente", que seria, afinal, "o único" que importa.[11] Mas ao lado desta encontramos, sem mediação, o ponto de vista dialético e de horizonte mais amplo que reconhece a importância de uma história da recepção. Fuchs critica o fato de, na história da arte, a questão da fortuna crítica das obras não ser considerada. "Esta falha [...] é um aspecto negativo de toda a nossa história da arte. E no entanto parece-me que a descoberta das verdadeiras causas do maior ou menor êxito de um artista, para a duração desse êxito ou também para o seu contrário, é um dos mais relevantes problemas que se colocam à vida da arte."[12] Já Mehring via assim as coisas, e o seu livro *Lessing: a Lenda*[13] transforma em ponto de partida das suas análises a recepção de Lessing por Heine e Gervinus, por Stahr e Danzel, finalmente também por Erich Schmidt. E não terá sido por acaso que pouco depois surgiu o meritório trabalho de Julian Hirsch *A Gênese da Fama*[14] (meritório, não tanto pelo método, mas mais pelo

---

[11] Cf. E. Fuchs, *Erotische Kunst* [Arte Erótica], vol. I, p. 70.
(A obra do historiador Leopold von Ranke a que se referem as citações é a seguinte: *Geschichte der romanischen und germanischen Völker von 1494 bis 1514* [História dos Povos Românicos e Germânicos, de 1494 a 1514]. 2ª ed. Leipzig, 1874, p. VII. [N.T.])

[12] Gavarni, *Litografias*, p. 13.

[13] Vd. nota 1. (N.T.)

[14] J. Hirsch, *Die Genesis des Ruhmes. Ein Beitrag zur Methodenlehre der Geschichte* [A Gênese da Fama. Contributo para uma teoria metodológica da História]. Leipzig, 1914. (N.T.)

conteúdo). A questão central é a mesma que Fuchs já tinha em vista, e a sua solução fornece o critério de referência para o materialismo histórico. Mas esse fato não justifica a omissão de um outro, o de que essa solução ainda não foi encontrada. Pelo contrário, não há quaisquer dúvidas de que apenas em casos isolados se conseguiu apreender o conteúdo histórico de uma obra de tal modo que ela se torne para nós transparente enquanto *obra de arte*. Todo esforço de aproximação de uma obra de arte será vão se o seu conteúdo histórico sóbrio não se tornar objeto de um conhecimento dialético. Essa é apenas a primeira das verdades pelas quais a obra do colecionador Eduard Fuchs se orienta. As suas coleções são a resposta do prático às aporias da teoria.

II

Fuchs nasceu em 1870. O ambiente familiar não o destinava a um futuro de erudito. E, apesar de toda a erudição que adquiriria mais tarde, nunca assumiu esse papel de sábio. A sua eficácia ultrapassou sempre os limites que delimitam o campo do investigador. E o mesmo se passa com a sua atividade de colecionador e de político. Fuchs entrou no mundo do trabalho em meados dos anos oitenta, numa altura em que a lei antissocialista estava em pleno vigor. O lugar de aprendiz que encontrou pô-lo em contato com proletários politicamente ativos, e em breve foi atraído por eles para a luta ilegal de então, que hoje nos parece uma resistência idílica. Esses anos de aprendizagem terminaram em 1887. Alguns anos depois, o órgão dos social-democratas da Baviera, o jornal *Münchener Post*, ia buscar o jovem contabilista a uma tipografia de Stuttgart, pensando ter encontrado nele o homem que iria resolver os problemas administrativos do jornal. Fuchs foi para Munique, para aí trabalhar com Richard Calver.

A editora do *Münchener Post* publicava também a revista humorística dos socialistas, o *Süddeutscher Postillon*. Um acaso levou a que Fuchs tivesse de dar uma ajuda nas provas de um número do *Postillon*, e um outro a que tivesse de preencher algumas lacunas com textos próprios. O sucesso desses números foi invulgar, e nesse mesmo ano o número de maio foi organizado por Fuchs, com muitas ilustrações a cores – estava-se nos começos da imprensa ilustrada a cores. Venderam-se sessenta mil exemplares, em vez dos dois mil e quinhentos da média do ano. E assim Fuchs se tornou redator de uma revista que se dedicava à sátira política. Começou ao mesmo tempo a interessar-se pela história desse seu campo de atividade, e foi assim que nasceram, paralelamente ao trabalho diário, os estudos ilustrados sobre o ano revolucionário de 1848 na caricatura[15] e sobre o caso político de Lola Montez.[16] Eram as primeiras obras de um historiador ilustradas com material documental,

---

[15] A obra (*1848 in der Karikatur* [1848 na caricatura]) foi publicada em Munique em 1898. (N.T.)

[16] Dançarina e aventureira irlandesa, de seu nome Elisabeth Rosanna Gilbert (1821-1861), cortesã e amante de Luís I da Baviera, que lhe concedeu o título de condessa de Landsfeld em 1847. O caso levou o rei a abdicar sob a pressão da oposição revolucionária e Lola Montez a fugir da Baviera, primeiro para a Califórnia, depois para a Austrália e finalmente para Nova Iorque, onde veio a morrer. Os estudos de Fuchs sobre Lola Montez apareceram primeiro na revista *Zeitschrift für Bücherfreunde* ("Lola Montez in der Karikatur", vol. III, 1898/1899, n. 3, p. 105-126) e depois em livro (*Ein vormärzliches Tanzidyll. Lola Montez in der Karikatur* [Um Idílio Balético Pré-Revolucionário. Lola Montez na caricatura]. Berlim, 1902). Em 1955 Max Ophüls dedicou a essa figura um filme (*Lola Montès*), com Martine Carol como protagonista. (N.T.)

diferentes dos livros de história ilustrados por desenhadores vivos (por exemplo, os livros populares de Wilhelm Blos sobre a revolução, com desenhos de Jentsch). A pedido de Maximilian Harden, Fuchs chegou a apresentar a segunda dessas obras na revista *Zukunft*, não sem chamar a atenção para o fato de se tratar apenas de uma parte da obra mais ambiciosa que tencionava dedicar à caricatura dos povos europeus. Um período de dez meses na prisão, resultante de um processo de lesa-majestade por uma intervenção na imprensa, veio beneficiar os estudos para essa obra. Era evidente que se tratava de uma ideia feliz. Um certo Hans Kraemer, que tinha já bastante experiência na produção de livros de família ilustrados, entrou em contato com Fuchs, dando-lhe a notícia de que tinha já em preparação uma história da caricatura; e sugeriu-lhe que disponibilizasse os seus estudos para uma obra comum. Mas esses contributos não vieram logo. E em breve ficou claro que toda a enorme massa de trabalho implicada nesse projeto iria recair sobre Fuchs. O nome do pretenso colaborador, que ainda aparece na primeira edição, já não se encontra na segunda. Mas Fuchs dera pela primeira vez provas convincentes da sua capacidade de trabalho e do seu domínio da matéria. Iniciava-se assim a longa série das suas principais obras.[17]

---

[17] Obras principais (na editora Albert Langen, Munique): *Illustrierte Sittengeschichte vom Mittelalter bis zur Gegenwart*. I: *Renaissance* [1909]; II. *Die galante Zeit* [1910]; III: *Das bürgerliche Zeitalter* [1911/1912] (História dos Costumes Ilustrada, da Idade Média à Atualidade. I: Renascimento, II: A Época Galante, III: A Época Burguesa). Com três volumes complementares (1909, 1911, 1912). Nova ed. de todos os volumes em 1926 (citado como "História dos Costumes").

Geschichte der erotischen Kunst. I: *Das zeitgenössische Problem* [1908], nova ed. 1922; II: *Das individuelle Problem. Erster Teil* [1923]; *Das individuelle Problem. Zweiter Teil* [1926] [História da Arte Erótica.

Os começos de Fuchs coincidem com a época em que, como se podia ler num dos números da revista *Neue Zeit*, "o tronco do Partido Social-Democrata começava a crescer por toda parte organicamente, anel a anel".[18] Isso significava a necessidade de afirmação de novas tarefas no âmbito do trabalho cultural do partido. Quanto maiores eram as massas de trabalhadores que a ele aderiam, tanto menos ele

---

I: O Problema Contemporâneo. II/III: O Problema Individual, primeira e segunda partes] (citado como "Arte Erótica").

Die Karikatur der europäischen Völker. I: *Vom Altertum bis zum Jahre 1848* [1ª ed., 1901; 4ª ed., 1921]; II: *Vom Jahre 1848 bis zum Vorabend des Weltkriegs* [1ª ed., 1903; 4ª ed., 1921] [A Caricatura dos Povos Europeus. I: Da Antiguidade a 1848; II: de 1848 às vésperas da Guerra Mundial] (citado como "Caricatura").

Honoré Daumier, Holzschnitte und Lithographien [H. D., Xilogravuras e Litografias], ed. Eduard Fuchs. I: Xilogravuras 1833-1870 [1921]; II: Litografias 1828-1851 [1920]; III: Litografias 1852-1860 [1921]; IV: Litografias 1861-1872 [1922] (citado como "Daumier").

Der Maler Daumier [O Pintor Daumier], ed. Eduard Fuchs, 1927 (citado com este título).

Gavarni, Lithographien, ed. Eduard Fuchs, 1925 (citado como "Gavarni").

Die großen Meister der Erotik. Ein Beitrag zum Problem des Schöpferischen in der Kunst. Malerei und Plastik [Os Grandes Mestres do Erotismo. Contributo para o problema da criatividade na arte. Pintura e escultura], 1931 (citado com este título).

Tang-Plastik. Chinesische Grabkeramik des 7. bis 10. Jahrhunderts [Escultura Tang. Cerâmica tumular chinesa dos séculos VII a X], 1924 (citado com este título).

Dachreiter und verwandte chinesische Keramik des 15. bis 18. Jahrhunderts (Coruchéus e Cerâmica Chinesa afim, dos Séculos XV a XVIII), 1924 (citado com este título).

Fuchs dedicou ainda outras obras à mulher, ao judeu e à guerra mundial enquanto temas da caricatura.

[18] A. Max, "Sobre o problema da organização do proletariado intelectual", *Die Neue Zeit*, vol. XIII (Stuttgart, 1895), n. 1, p. 645.

se podia limitar ao esclarecimento político e científico, à vulgarização da teoria da mais valia ou da descendência. Tinha de dar atenção à dimensão histórica dos assuntos culturais nas intervenções públicas e nos suplementos da imprensa partidária. Colocava-se, desse modo, em toda a sua extensão o problema da "popularização da ciência", um problema que nunca seria resolvido. E não seria possível resolvê-lo enquanto os destinatários desse trabalho cultural fossem vistos em termos de "público", e não de classe.[19] Se o objetivo fosse a classe, o trabalho científico do partido nunca poderia ter perdido o estreito contato com as tarefas científicas do materialismo histórico. A matéria histórica, lavrada pela dialética marxista, teria se transformado num solo em que cresceria a semente nele lançada pelo presente. Ora, isso não aconteceu. Ao lema "Trabalho e cultura", que guiara a formação dos trabalhadores nas associações satisfeitas com o Estado de Schulze-Delitzsch,[20] a social-democracia opôs outro que dizia "Saber é poder". Mas não se apercebeu do seu duplo sentido. Achava que o mesmo saber que consolidou a dominação do proletariado pela burguesia levaria também aquele a libertar-se dessa dominação. Na verdade, um saber sem acesso à *praxis* e que nada podia ensinar ao proletariado sobre a sua situação de classe era inofensivo para

---

[19] Nietzsche escreveu já em 1874: "O último resultado disso é a 'popularização' da ciência, hoje tão em voga, ou seja, o famigerado ajuste do casaco da ciência ao corpo de um 'público misto' – para aplicar a uma atividade de alfaiate um alemão de alfaiate [...]" (F. Nietzsche, *Unzeitgemäße Betrachtungen*: "Vom Nutzen und Nachteil der Historie fürs Leben") [Considerações Intempestivas: "Das vantagens e desvantagens da história para a vida"]. Vol. I, Leipzig, 1893, p. 168.

[20] Franz Hermann Schulze (1808-1883): político liberal alemão, fundador das primeiras cooperativas de trabalhadores. (N.T.)

os seus opressores. Isso se aplica especialmente ao saber das "ciências do espírito". Era um saber muito afastado da economia, e mantinha-se invulnerável às suas transformações. Os agentes desse saber limitavam-se a "estimular" através do seu uso, a "oferecer alternativas", a "interessar". Aliviou-se a história e obteve-se a "história da cultura". É aqui que a obra de Fuchs encontra o seu lugar próprio: a sua grandeza reside na reação a essa situação, o seu lado problemático no fato de ainda participar dela. Fuchs orientou-se desde sempre pelo princípio de que o seu trabalho se devia dirigir às massas de leitores.[21]

Muito poucos reconheceram na altura como tanta coisa dependia de um trabalho cultural de orientação materialista. As esperanças e mais ainda os receios desses poucos estão bem expressos num debate cujo rastro se pode encontrar na revista *Neue Zeit*. O mais importante desses testemunhos é um ensaio de [Carl] Korn intitulado "O proletariado e o classicismo". O tema era o conceito da herança cultural, que voltou a estar hoje no centro das atenções. Segundo Korn, Lassalle via no idealismo alemão uma herança assumida pelas classes trabalhadoras. Mas Marx e Engels viam o problema de modo diferente: "Não foi como herança que eles chegaram à afirmação do predomínio social das classes trabalhadoras, mas a partir da sua posição determinante no próprio processo de produção. Para que falar de propriedade, ainda que seja espiritual, no caso de um recém-chegado às classes como o proletariado moderno, que a cada dia e a cada hora evidencia o seu 'direito' através do trabalho com que reproduz sempre de novo todo o aparelho cultural [...]?

21 "O autor de obras de história da cultura que leve a sério a sua missão terá de escrever sempre para as massas" (*Arte Erótica*, II, p. V).

Assim, a joia da coroa do ideal cultural de Lassalle, a filosofia especulativa, não é para Marx e Engels nenhum tabernáculo [...]; ambos se sentiram cada vez mais fortemente atraídos pelas ciências naturais, que, de fato, para uma classe cuja ideia é o seu próprio funcionamento, pode ser a ciência por excelência, tal como toda a matéria histórica é para a classe dominante e possidente a forma natural da sua ideologia. É um fato que a ciência histórica representa para a consciência a categoria da posse, do mesmo modo que no plano econômico o capital significa o domínio sobre o trabalho passado".[22]

Essa crítica do historicismo tem o seu peso. A sua referência às ciências da natureza, porém – como "a ciência por excelência" –, põe à vista toda a dimensão da perigosa problemática da questão cultural. Desde Bebel que o prestígio das ciências naturais tinha dominado todos os debates. A sua obra maior, *A Mulher e o Socialismo*, alcançou nos trinta anos que decorreram entre a sua publicação e o trabalho de Korn uma tiragem de duzentos mil exemplares. O apreço em que Bebel tem as ciências naturais não deriva apenas da exatidão matemática dos seus resultados, mas sobretudo das suas possibilidades de aplicação prática.[23] Mais tarde, elas irão ter um papel semelhante em Engels, que procura refutar o fenomenalismo de Kant com as referências à técnica, cujo sucesso é prova evidente de que reconhecemos "as coisas em si". As ciências naturais, para Korn o modelo

---

[22] Carl Korn, "Proletariat und Klassik" [Proletariado e Classicismo], *Die Neue Zeit*, vol. XXVI (Stuttgart, 1908), n. 2, p. 414-415.

[23] August Bebel, *Die Frau und der Sozialismus*, 10ª ed. Stuttgart, 1891, p. 177-179 e 333-336 (sobre as grandes transformações da economia doméstica pela técnica), p. 200-201 (sobre a mulher como inventora).

da ciência por excelência, permitem fazê-lo sobretudo enquanto fundamento da técnica. Mas é preciso não esquecer que a técnica não é uma pura manifestação das ciências da natureza, é também uma manifestação histórica. Enquanto tal, ela obriga-nos a testar a separação positivista e não dialética que se tentou instituir entre as ciências da natureza e as "ciências do espírito". As questões que a humanidade coloca à natureza são codeterminadas pelo estágio da sua produção. É esse o ponto em que o positivismo fracassa, porque, na evolução da técnica, só foi capaz de reconhecer os progressos da técnica, não os retrocessos da sociedade. Mas não se apercebeu de que essa evolução foi decisivamente determinada pelo capitalismo. E também aos positivistas entre os teóricos social-democratas escapou o fato de que tal evolução tornou cada vez mais precário o ato, que se revelava cada vez mais urgente, de uma futura tomada de posse dessa técnica pelo proletariado. E ignoraram o lado destrutivo desses desenvolvimentos porque se tinham alheado do lado destrutivo da dialética.

Era preciso um prognóstico que não foi feito, e isso marcou um processo que haveria de se revelar como um dos mais característicos do século passado: a desastrosa recepção da técnica. Esse desastre consistiu numa série de ensaios entusiásticos e sempre renovados que, sem exceção, tentaram passar por cima do fato de a técnica só servir a essa sociedade para a produção de mercadorias. No começo encontramos os saint-simonistas, com a sua poesia industrial; segue-se o realismo de um Du Camp,[24] que vê na locomotiva a salvação do futuro; e um Ludwig Pfau extrai as conclusões ao escrever: "De nada serve tornarmo-nos anjos, o caminho de ferro vale

[24] Maxime du Camp (1822-1894): escritor e fotógrafo francês. (N.T.)

mais do que um belo par de asas!".[25] Esse olhar sobre a técnica caiu do "Caramanchão".[26] E podemos perguntar-nos a esse propósito se o "aconchego" (*Gemütlichkeit*) do século, tão do agrado da burguesia, não provém da obscura sensação de bem-estar por nunca ter de passar pela experiência de ver como as forças de produção tiveram de se desenvolver com o trabalho das suas mãos. Essa experiência estaria, de fato, reservada ao século seguinte, que constataria como as necessidades foram ultrapassadas pela velocidade dos veículos motorizados, pela capacidade das máquinas de reprodução da palavra e da escrita. As energias que a técnica desenvolve para lá desse limiar são destruidoras. Reclamam em primeiro lugar as técnicas da guerra e da sua preparação propagandística. Dessa evolução, com a sua total determinação de classe, pode dizer-se que ela se realizou nas costas do século passado, que não tinha ainda consciência das energias destruidoras da técnica. Isso se aplica em particular à social-democracia da virada do século. Se é certo que aqui e ali contestou as ilusões do positivismo, no seu conjunto ficou presa a elas. Via o passado como definitivamente recolhido nos palheiros do presente; se o futuro prometia trabalho, não era menos certa a bênção da colheita.

III

Foi essa a época de formação de Fuchs, e muitos dos traços da sua obra derivam dela: numa palavra, participa

[25] Citado de David Bach, "John Ruskin", *Die Neue Zeit*, vol. XVIII (Stuttgart, 1900), n. 1, p. 728.

[26] No original: *Gartenlaube*, o título de uma das mais célebres revistas burguesas conservadoras do século XIX alemão. (N.T.)

daquela problemática que é inseparável da história da cultura, e que remete para o texto de Engels atrás citado. Quase se poderia dizer que encontramos nele o *locus classicus* que define o materialismo histórico como história da cultura. Não é esse, de fato, o verdadeiro sentido daquela passagem? Não terá o estudo das várias disciplinas, que perderam já a sua aparência de autonomia, de convergir para o estudo da história da cultura como inventário que a humanidade foi fazendo até hoje? Ao contrário das muitas e problemáticas unidades abarcadas pela história das ideias (enquanto história da literatura e da arte, do Direito ou da religião), o investigador que se questionasse seguindo esse caminho teria apenas de colocar uma nova questão, a mais problemática de todas. Para o materialista histórico, a distância a partir da qual a história da cultura apresenta os seus conteúdos é ilusória e fundada numa falsa consciência.[27] Por isso ele

---

[27] Uma expressão típica desse lado ilusório é a que encontramos no discurso de abertura de Alfred Weber por ocasião do congresso dos sociólogos alemães em 1912: "Só quando a vida deixa para trás as suas necessidades imediatas e o seu utilitarismo para se transformar numa constelação acima deles, só então existirá cultura". Nesse conceito de cultura estão latentes as sementes da barbárie, que entretanto já despontaram. A cultura aparece então como "uma coisa supérflua para a continuidade da vida, quando afinal sentimos que é para isso que ela existe". Em suma, a cultura existe como uma espécie de obra de arte, "que talvez instale a confusão em muitas formas e muitos princípios de vida, que pode ter efeitos corrosivos e destruidores, mas cuja existência sentimos como superior a tudo o que é vivo e saudável e ela pode destruir" (Alfred Weber, "Der soziologische Kulturbegriff" [O conceito sociológico de cultura], *in*: *Verhandlungen des Zweiten Deutschen Soziologentages* (Schriften der Deutschen Gesellschaft für Soziologie) [Atas do Segundo Congresso dos Sociólogos Alemães. Publicações da Sociedade Alemã de Sociologia], 1ª série, vol. II. Tübingen, 1913, p. 11-12). Vinte e cinco anos depois, alguns Estados

a olha com reservas. Essas reservas seriam legitimadas por um simples olhar para o passado: o que ele aí descobre de arte e ciência tem uma proveniência que não pode deixar de horrorizá-lo. Tudo isso deve a sua existência não apenas ao esforço dos gênios seus criadores, mas também, em maior ou menor grau, à escravidão anônima dos seus contemporâneos. Não há documento de cultura que não seja também documento de barbárie.[28] Nenhuma história da cultura fez ainda justiça ao que de essencial há nesse fato, e dificilmente pode esperar fazê-lo.

Apesar disso, esse não é o ponto decisivo. Se o conceito de cultura é problemático para o materialismo histórico, a sua degeneração e transformação em mercadorias que se tornaram objetos de posse para a humanidade é para ele uma ideia inconcebível. Para ele, a obra do passado não está consumada nem fechada. Não a vê cair no regaço a nenhuma época, reificada e disponível, nem no todo nem em parte. Enquanto quinta-essência de configurações encaradas como independentes, se não do processo de produção que as viu nascer, pelo menos daqueles em que sobrevivem, o conceito de cultura apresenta-se-lhe com traços fetichistas, reificada. A sua história não seria mais do que os resíduos depositados na consciência dos homens pelas coisas memoráveis, mas desprovidas de experiência autêntica, isto é, política.

De resto, não se pode esquecer o fato de nenhuma investigação feita sobre uma base histórico-cultural ter até hoje contornado essa problemática. Ela é evidente

---

de cultura reclamaram para si a honra de se equipararem a tais obras de arte, de serem obras de arte.

[28] A fórmula surge também nas teses "Sobre o conceito da História", incluídas neste volume: tese VII. (N.T.)

na monumental *História Alemã* de Lamprecht,[29] que por mais de uma vez, e por razões compreensíveis, foi objeto de análise na revista *Die Neue Zeit*. Mehring escreve aí: "Lamprecht é, como se sabe, dentre os historiadores burgueses, aquele que mais se aproximou do materialismo histórico. No entanto, ficou a meio caminho [...] Suspende-se toda e qualquer metodologia histórica no momento em que Lamprecht pretende tratar o desenvolvimento econômico e histórico segundo um determinado método, mas compila a partir de outros historiadores a evolução política dessa mesma época".[30] Uma coisa é certa: a exposição de uma história da cultura baseada na história pragmática é um contrassenso. Mas mais profundo ainda é o contrassenso de uma história da cultura que se pretenda em si mesma dialética, uma vez que o contínuo da história, desmantelado pela dialética, em nenhuma das suas partes sofre uma maior dispersão do que naquela a que se dá o nome de cultura.

Em resumo: a história da cultura apenas aparentemente representa um avanço do ponto de vista, e nem aparentemente um avanço da dialética. Porque lhe falta o momento destrutivo que assegura o pensamento dialético e a autenticidade da experiência do historiador dialético. Aumenta com certeza o peso dos tesouros que se acumulam sobre os ombros da humanidade. Mas não lhe dá forças para sacudi-los, e assim ficar com eles na mão. O mesmo se pode dizer do trabalho cultural dos socialistas na virada

---

[29] Karl Lamprecht, *Deutsche Geschichte*. 12 vols., Berlim, 1894-1909. (N.T.)

[30] Franz Mehring, "Akademisches" [Matérias acadêmicas], *Die Neue Zeit*, vol. XVI (Stuttgart, 1898), n. 1, p. 195-196.

do século, que tomou a história da cultura como grande marco de referência.

IV

O perfil histórico da obra de Fuchs destaca-se sobre esse pano de fundo. Nos casos em que tem consistência e durabilidade, ela foi arrancada a uma constelação intelectual que não podia ser mais adversa. E foi o colecionador Fuchs que ensinou ao teórico a apreender muita coisa a que o seu tempo lhe barrava o acesso. Foi o colecionador que entrou por zonas de fronteira – o retrato deformado, a representação pornográfica – nas quais uma série de chavões da história da arte tradicional mais tarde ou mais cedo tem de fracassar. Em primeiro lugar, é preciso referir que Fuchs rejeita em toda a linha a visão classicista da arte, cujos vestígios ainda são visíveis em Marx. Não encontramos já em Fuchs os conceitos que haviam servido à burguesia para desenvolver essa concepção da arte: nem a bela aparência, nem a harmonia, nem a unidade do diverso. E a mesma autoafirmação decidida do colecionador, que afastou o autor das teorias classicistas, evidencia-se por vezes, de forma drástica e brusca, até na relação com a Antiguidade. Em 1908, apoiando-se na obra de Rodin e Slevogt, Fuchs profetiza o advento de uma nova forma de beleza "que, nos seus resultados finais, promete ser infinitamente maior do que a da Antiguidade, pois se esta era apenas manifestação suprema da forma animal, a nova beleza será preenchida com um grandioso conteúdo intelectual e anímico".[31]

---

[31] *Arte erótica*, vol. I, p. 125. A constante referência à arte contemporânea é um dos mais importantes impulsos do colecionador Fuchs.

Em suma: a escala de valores que antes determinara a relação com a obra de arte, no tempo de Winckelmann ou Goethe, perdeu toda a sua influência no caso de Fuchs. Seria, porém, errôneo concluir daqui que se deitou abaixo a própria visão idealista da arte. Isso só acontecerá quando os *disiecta membra* a que o idealismo chama "representação histórica", por um lado, e "homenagem celebratória", por outro, se transformarem num só e forem superados enquanto tal. Esse feito está destinado a uma ciência histórica cujo objeto não é constituído por um novelo de pura faticidade, mas por um conjunto determinado de fios que representam a penetração de um passado na textura do presente. Mas seria errado fazer equivaler essa penetração a um mero nexo causal. Trata-se de uma intervenção dialética, podem até ter-se perdido durante séculos alguns desses fios, e o processo histórico da atualidade retoma-os de forma imperceptível e súbita. O objeto histórico que foi retirado à esfera da pura facticidade não precisa de "homenagem celebratória", porque não oferece vagas analogias com a atualidade, mas constitui-se na exata tarefa dialética que tem de resolver. É esse, de fato, o seu objetivo. Se mais exemplos não houvesse, poderia constatar-se isso na marca

---

Também isso lhe vem em parte das grandes criações do passado. O seu incomparável conhecimento da caricatura antiga abre a Fuchs bastante cedo o caminho para a obra de Toulouse-Lautrec, de Heartfield ou George Grosz. A sua paixão por Daumier leva-o a Slevogt, cuja visão de D. Quixote lhe parece ser a única que está à altura de Daumier. Os seus estudos sobre cerâmica dão-lhe toda a autoridade para apoiar a obra de um Emil Pottner. Fuchs teve toda a vida relações de amizade com artistas plásticos, e por isso não admira que o seu modo particular de se dirigir à obra de arte seja muitas vezes mais o do artista do que o do historiador.

patética que muitas vezes aproxima o texto da oralidade. Mas, por outro lado, mostra também como muita coisa se ficou pela intenção e pelos começos. O lado absolutamente novo da intenção ganha expressão mais clara sobretudo quando a substância temática vem ao seu encontro – por exemplo na interpretação da iconografia, no significado da arte de massas, no estudo das técnicas de reprodução. Esses lados da obra de Fuchs foram verdadeiramente pioneiros, parte integrante de toda futura aproximação materialista da obra de arte.

Os três momentos referidos têm algo em comum: remetem para perspectivas de conhecimento que só podem ser vistas como destrutivas em face da forma tradicional de entender a arte. A ocupação com as técnicas de reprodução apreende melhor do que qualquer outra orientação o significado decisivo da recepção, e permite assim corrigir, adentro de certos limites, o processo de reificação a que está sujeita a obra de arte. A consideração da arte de massas leva à revisão do conceito de gênio: chama a atenção para a necessidade de não esquecer, para lá da inspiração, que tem o seu papel no nascimento da obra, a sua execução, sem a qual ela não se tornará produtiva. Finalmente, a interpretação iconográfica revela-se não apenas indispensável para o estudo da recepção e da arte de massas, como também evita os abusos para que facilmente tende todo o formalismo.[32]

Fuchs teve de se ocupar do formalismo. Na época em que Fuchs lança os fundamentos da sua obra estava em

---

[32] O mestre da interpretação iconográfica é certamente Émile Mâle. Mas as suas investigações limitam-se à escultura das catedrais francesas, dos séculos XII a XV, e não se encontram, assim, com as de Fuchs.

ascensão a doutrina de Wölfflin. No âmbito do seu "problema individual", Fuchs articula as suas ideias com as de um princípio da "arte clássica" de Wölfflin. Esse princípio é o seguinte: "Assim, o *Quattrocento* e o *Cinquecento*, enquanto conceitos de estilo, não se confinam a características de conteúdo. O fenômeno remete para uma evolução do olhar artístico no essencial independente de um ideário e de um ideal de beleza específicos".[33] Não há dúvida de que essa afirmação pode chocar o materialista histórico. Mas ela contém igualmente matéria que o pode estimular, pois precisamente ele não está particularmente interessado em explicar as mudanças do olhar artístico pelas transformações operadas no ideal de beleza, mas sim em processos mais elementares – processos que, dadas as transformações econômicas e técnicas, são assimilados pela produção. No caso concreto do exemplo dado, não iria muito longe quem se interrogasse sobre as transformações economicamente determinadas da arquitetura residencial trazidas pelo Renascimento, e sobre o papel desempenhado pela pintura renascentista como elemento perspectivo da nova arquitetura e como ilustração da visibilidade que ela lhe concedeu.[34] É certo que Wölfflin só

---

33 Heinrich Wölfflin, *Die klassische Kunst. Eine Einführung in die italienische Renaissance* [A Arte Clássica. Uma introdução ao Renascimento italiano]. Munique, 1899, p. 275.

34 A pintura em madeira mais antiga punha o homem a morar em espaços pouco maiores que guaritas. Os pintores dos começos do Renascimento foram os primeiros a pintar espaços interiores em que as figuras representadas têm espaço de ação. Foi isso que tornou a invenção da perspectiva por Ucello tão impressionante para os contemporâneos e para ele próprio. A pintura, que a partir de agora oferecia as suas criações mais do que nunca aos homens no lugar em que viviam (em vez de, como antes, as fazer para os lugares de oração), deu-lhes modelos de

de passagem aborda essa questão. Mas quando Fuchs se lhe opõe com o comentário: "São precisamente esses momentos formais que não podem ser explicados a não ser a partir de um espírito diferente da época",[35] isso remete em primeiro lugar para o já referido caráter problemático das categorias da história cultural.

Em mais do que um lugar é possível constatar que o escritor Fuchs não é dado a polêmicas nem a discussões. Por mais polêmico que possa parecer, não encontramos no seu arsenal a dialética erística, que, segundo a definição de Hegel, "mina a força do adversário para destruí-lo a partir de dentro". Nos investigadores que se seguiram a Marx e Engels enfraqueceu bastante a força destrutiva do pensamento, que agora já não se propõe desafiar o século. Já Mehring fez descer o tom, que nele é mais o de repetidas escaramuças. Apesar disso, a sua leitura da "Lenda Lessing" é um contributo notável. Mostrou como foi enorme a carga de energias políticas, mas também científicas e teóricas arregimentadas e gastas nas grandes obras do Classicismo. Reforçou assim a sua antipatia contra a literatice acomodada dos seus contemporâneos. Chegou à conclusão (musculada) de que a arte só podia esperar um renascimento com a vitória econômica e política do

---

habitação, não se cansava de erguer diante deles perspectivas das grandes moradias. O Renascimento tardio, muito mais sóbrio na representação do interior propriamente dito, continuou a seguir essa tendência. "O *Cinquecento* tem uma sensibilidade particularmente desenvolvida para a relação entre o homem e a obra arquitetônica, para a ressonância de um belo espaço. É quase impossível conceber uma existência humana sem o enquadramento e a fundamentação arquitetônicos" (Wölfflin, *op. cit.*, p. 227).

[35] *Arte Erótica*, vol. II, p. 20.

proletariado. E a outra (mais objetiva): "Na sua luta de libertação, a arte não está em condições de ter uma intervenção profunda".[36] A evolução da arte deu-lhe razão. Os resultados a que chegou levaram-no com dupla convicção para o estudo da ciência. Foi ele que o equipou com a solidez e o rigor que o tornaram invulnerável ao revisionismo. E o seu caráter ganhou traços que se poderiam dizer burgueses no melhor sentido da palavra, mas que ficaram longe de fazer dele um pensador dialético. Tais traços não estavam menos presentes em Fuchs, e talvez até sejam mais marcados nele, porque encontraram uma natureza mais expansiva e sensualista. Seja como for, não há dúvida de que poderíamos imaginar o seu retrato numa galeria de eruditos burgueses. E a seu lado podíamos colocar Georg Brandes,[37] com quem partilha o furor racionalista e a paixão de espalhar luz por vastos domínios da história com a tocha do ideal (do progresso, da ciência, da razão). E do outro lado, por exemplo, Adolf Bastian,[38] o etnólogo, com quem Fuchs se compara sobretudo em razão da sua

---

[36] Franz Mehring, *Geschichte der deutschen Sozialdemokratie*. Zweiter Teil: Von Lassalles offenem Antwortschreiben bis zum Erfurter Programm (= Geschichte des Sozialismus in Einzeldarstellungen. III, 2) [História da Social-Democracia Alemã. Segunda parte: Da carta aberta de Lassalle ao Programa de Erfurt (= História do Socialismo. Uma série. III, 2)]. Stuttgart, 1898, p. 546.

[37] Georg Brandes (1842-1927): crítico e erudito dinamarquês que lançou os fundamentos da nova estética realista e naturalista depois de 1870 e exerceu grande influência em toda a Europa do Norte. (N.T.)

[38] Adolf Bastian (1826-1905): erudito alemão, nascido em Bremen numa família de comerciantes ricos, e conhecido pelos seus trabalhos nos domínios da etnografia e da antropologia, que ajudou a constituir como disciplina. (N.T.)

insaciável sede de material. E, tal como Bastian alcançou fama lendária pela sua disponibilidade para partir para qualquer lugar de mala aviada sempre que alguma questão precisava ser esclarecida, lançando-se numa expedição que o mantinha durante meses afastado de casa, assim também Fuchs estava sempre aberto aos impulsos que o levavam em busca de novas provas. Ambas as obras continuarão a ser um fundo inesgotável para os investigadores.

V

Deve ser uma questão interessante para um psicólogo a de perceber como um entusiasta, uma natureza orientada para as coisas positivas, pode chegar a desenvolver uma paixão pela caricatura. Pode responder-lhe como entender – no caso de Fuchs trata-se de um fato que não deixa lugar a dúvidas. Desde sempre o seu interesse pela arte se distinguiu daquilo a que se costuma chamar "o gosto da beleza". Desde sempre a verdade entrou nesse jogo. Fuchs não se cansa de acentuar o valor documental e a autoridade da caricatura. Por vezes reduz isso à fórmula: "A verdade está nos extremos". E vai mais longe: para ele, a caricatura é, "de certo modo, a forma da qual nasce toda a arte objetiva. Basta olhar para os museus de etnografia para se confirmar essa afirmação".[39] Quando Fuchs se serve do exemplo dos povos pré-históricos ou do desenho infantil, o conceito de caricatura entra provavelmente num contexto problemático; mas também se evidencia de forma mais autêntica o seu forte interesse pelos ingredientes mais drásticos da obra de arte, sejam eles da ordem do

[39] *Caricatura*, vol. I, p. 4.

conteúdo[40] ou formais. Esse interesse atravessa toda a sua obra. Ainda numa das últimas obras, sobre a escultura Tang, lemos: "O grotesco é a mais elevada potenciação da imaginação sensível [...] Nesse sentido, as formas grotescas são também expressão da exuberante saúde de uma época. É certo que não se pode negar que nas forças que geram o grotesco existe também um polo oposto muito óbvio. Também as épocas decadentes e os cérebros doentes têm tendência para criar formas grotescas. Nesses casos, o grotesco é o reflexo perturbador do fato de que os problemas do mundo e da existência são insolúveis para essas épocas e esses indivíduos. Mas percebe-se à primeira vista qual dessas duas tendências é a força criadora por detrás de uma fantasia grotesca".[41]

Essa passagem é esclarecedora. Nela se percebe claramente de onde vem a ampla eficácia, a popularidade especial das obras de Fuchs: é o dom de articular sempre os conceitos fundamentais de que se serve com juízos de valor – muitas vezes de forma peremptória[42] e com juízos sempre extremos, que se apresentam sob forma de opostos e polarizam assim o

[40] Vd. a curiosa observação a propósito das figuras de mulheres proletárias na obra de Daumier: "Quem olhe para esses momentos apenas como motivos dinamizadores mostra que não teve acesso às derradeiras forças motrizes que têm de se acionar para criar obras de arte impressionantes... Precisamente porque nestes quadros se trata de qualquer coisa muito diferente de 'motivos dinamizadores' é que estas obras viverão eternamente como impressionantes monumentos à escravidão da mulher-mãe no século XIX" (*O Pintor Daumier*, p. 28).

[41] *Escultura Tang*, p. 44.

[42] Veja-se, por exemplo, a tese sobre o efeito erótico das obras de arte: "Quanto mais intenso for esse efeito, tanto maior a qualidade artística" (*Arte Erótica*, vol. I, p. 68).

conceito com que se fundem. É o que se passa com a apresentação do grotesco e da caricatura erótica. Em tempos de decadência esta é "coisa suja" e "brejeirice picante", em épocas de ascensão é "expressão de prazer transbordante e pujança".[43] Fuchs serve-se umas vezes dos conceitos valorativos de época áurea ou de decadência, outras dos da saúde e da doença, evitando os casos-limite que se possam tornar problemáticos. E prefere tomar como referência o que é "verdadeiramente grande", que tem o privilégio de conceder espaço "ao que há de mais excitante no mais simples".[44] Valoriza pouco épocas artísticas híbridas, como o Barroco; a grande época continua a ser o Renascimento, no qual o seu culto da criatividade se sobrepõe à sua rejeição do Classicismo.

O conceito de criatividade tem em Fuchs fortes conotações biológicas. Enquanto o gênio é referido com atributos que por vezes roçam o priapismo, os artistas de quem o autor se distancia são apresentados com reservas quanto à sua virilidade. Esse ponto de vista biologista manifesta-se no juízo sumário que Fuchs faz de artistas como El Greco, Murillo, Ribera: "Todos se tornaram representantes clássicos do espírito barroco porque cada um à sua maneira é um artista-remendão do erotismo".[45] Não se pode perder de vista o fato de que Fuchs desenvolve o seu instrumentário conceitual numa época para a qual a última palavra da psicologia da arte era representada pela "patografia", com autoridades como Lombroso e Möbius.[46] E o conceito de gênio, que

---

[43] *Caricatura*, vol. I, p. 23.

[44] *Coruchéus*, p. 39.

[45] *Os grandes mestres da arte erótica*, p. 115.

[46] Cesare Lombroso (1835-1909): antropólogo, criminologista e jurista italiano cuja obra de antropologia criminal foi muito influenciada

pela mesma altura era documentado com grande riqueza de material pela influente obra de Burckhardt *A Civilização do Renascimento*, alimentava a partir de outras fontes a mesma convicção, muito difundida, de que a criatividade era acima de tudo uma manifestação de força transbordante. Tendências semelhantes a essas mais tarde levaram Fuchs a concepções que se aproximam das da psicanálise, e que ele pela primeira vez aplicou à história da arte.

Esse lado eruptivo e de imediatismo que, segundo essas concepções, marca a criação artística, é igualmente dominante em Fuchs no que se refere à percepção das obras de arte. Muitas vezes é apenas um passo que separa a percepção do juízo. Para Fuchs, a "impressão" não é apenas o impulso óbvio que o observador recebe da obra, mas uma categoria dessa mesma observação. Quando ele, por exemplo, dá expressão às suas reservas críticas a propósito do formalismo artístico da época Ming, resume esse juízo na observação de que as suas obras "em última análise já não, e muitas vezes nem sequer, alcançam o nível de impressão alcançado, por exemplo, pelo período Tang nas suas grandes linhas".[47] Desse modo o escritor Fuchs chega ao estilo particular e apodítico, para não dizer radical, cujas marcas próprias resume com mestria ao explicar, na *História da Arte Erótica*:

---

pelos estudos fisionômicos e pelo darwinismo social (e também pelo espiritismo, a que Lombroso adere), e revelava interesses estranhos e muito particulares, evidentes em alguns dos seus trabalhos: *A ruga do cretino e a anomalia do couro cabeludo; As origens do beijo; Por que razão os padres se vestem de mulher...*

J. P. Möbius: especialista de patografia, autor de estudos sobre Rousseau, Goethe e Nietzsche, e referência nos estudos sobre hipnose de Freud e Breuer. (N.T.)

[47] *Coruchéus*, p. 40.

"Um passo apenas separa a impressão correta da decifração correta e definitiva das forças em ação numa obra de arte".[48] Esse estilo não é acessível a todos, e Fuchs teve de pagar o seu preço por ele. Numa palavra: não conseguiu, como escritor, o dom de provocar o espanto. E não há dúvida de que ele próprio sentia essa deficiência, e procura compensá-la das mais diversas maneiras, falando com frequência dos mistérios que investiga na psicologia da criação, dos enigmas do processo histórico que encontram a sua solução no materialismo. Mas o ímpeto para a dominação imediata dos fatos, que determina já a sua concepção da criação e também a da recepção, acaba por se fazer sentir também na análise das obras. O processo da história da arte é para ele "necessário", as características de estilo são "orgânicas", as mais estranhas manifestações artísticas são, para ele, "lógicas". Não é tanto no decorrer da análise que se chega a essas conclusões, elas estão já na primeira impressão, como acontece com aqueles seres mágicos da época Tang, "absolutamente lógicos" e "orgânicos", com os seus chifres e as suas asas flamejantes. "São lógicas também as orelhas de elefante desproporcionadas; lógica é também sempre a atitude; nunca se trata simplesmente de conceitos construídos, mas da ideia transformada em forma que respira vida."[49]

---

[48] *Arte Erótica*, vol. II, p. 186.

[49] *Escultura Tang*, p. 30-31. Esse modo de observação intuitivo e imediato torna-se problemático quando se propõe corresponder a uma análise materialista dos fatos. Sabemos que Marx nunca se pronunciou em pormenor sobre o modo como se deve entender a relação entre base e superestrutura em casos particulares. O que sabemos é que ele pensava numa série de mediações, ou transmissões, que se ativam entre as condições materiais de produção e os domínios mais distantes da superestrutura, nos quais se inclui a arte. Essa ideia encontra-se também em Plekhanov: "Se a arte

Aqui se afirma uma série de ideias que estão intimamente relacionadas com as doutrinas social-democratas da

---

produzida pelas classes mais altas não se relacionar de forma direta com o processo de produção, isso tem de ser explicado, em última análise, com referência a causas econômicas. Aplica-se também nesse caso a leitura materialista da história. Mas é evidente que a indiscutível relação causal que existe entre ser e consciência, entre as condições sociais que têm como 'base' o trabalho, por um lado, e a arte, por outro lado, não se percebe facilmente. Nesses casos surgem alguns estágios intermédios" (G. Plekhanov, "Das französische Drama und die französische Malerei im 18. Jahrhundert, vom Standpunkt der materialistischen Geschichtsauffassung" [O drama e a pintura franceses no século XVIII, do ponto de vista da concepção materialista da história], *in*: *Die Neue Zeit*, vol. XXIX, Stuttgart, 1911, n. 1, p. 543-544). Mas uma coisa é clara: que nesse caso a dialética clássica da história que encontramos em Marx considera que existem formas de dependência causal. Na prática posterior nem sempre se foi tão rigoroso, muitas vezes bastava encontrar analogias. É possível que isso tivesse a ver com a exigência de substituir as histórias burguesas da literatura e da arte por outras de teor materialista e não menos grandiosas. Essa exigência é parte de uma assinatura de época, e tem o seu suporte no espírito guilhermino. E exigiu também a Fuchs o seu tributo. Uma das ideias favoritas do autor, que nele surge em muitas variantes, estabelece que as épocas artísticas realistas se ligam a Estados mercantis. É o caso da Holanda do século XVII ou da China dos séculos VIII ou IX. Partindo da análise da economia chinesa associada à esfera dos jardins, à luz da qual se explicam muitas características do império, Fuchs volta-se para a nova escultura, que surge sob o domínio dos Tang. A rigidez monumental do estilo Han aligeira-se; o interesse dos mestres anônimos que produzem trabalhos em cerâmica concentra-se agora no movimento de seres humanos e animais. Fuchs comenta: "O tempo acordou da sua grande paragem naqueles séculos da história da China, pois o comércio significa sempre mais vida e movimento. Por isso a arte da época Tang absorveu em primeiro lugar a vida e o movimento, e essa característica é também a primeira que nos salta à vista. Enquanto os animais do período Han, por exemplo, são ainda pesados e maciços, nos da época Tang tudo é vivacidade, todos os membros estão em movimento" (*Escultura Tang*, p. 41-42). Esse método de análise assenta na pura analogia – movimento no comércio e movimento na escultura –, e poderíamos chamar-lhe mesmo nominalista. E também a época. Conhecemos a profunda influência do darwinismo sobre as concepções socialistas da história. Na época das perseguições por Bismarck essa influência foi benéfica para a confiança inabalável do partido e para a determinação da sua luta. Mais tarde, durante a fase revisionista, o ponto de vista evolucionista na teoria da história pesou tanto mais sobre a "evolução" quanto menos o partido estava disposto a apostar nas suas conquistas na luta contra o capitalismo. A história assumia traços deterministas; a vitória do partido "não podia deixar de acontecer". Fuchs sempre esteve distante do revisionismo; o seu instinto político, a sua natureza marcial levaram-no para a ala esquerda do partido. Mas enquanto teórico não escapou àquelas influências, que se sentem por toda parte na sua obra. Na altura, um homem

---

tentativa de esclarecer a recepção da Antiguidade no Renascimento fica presa à analogia: "A base econômica era a mesma nas duas épocas, mas no Renascimento encontrava-se num grau superior de desenvolvimento. Ambas as épocas se baseavam no comércio de mercadorias" (*Arte Erótica*, vol. I. p. 42). Por fim, é o próprio comércio o sujeito da prática artística, e lemos: "O comércio tem de contar com grandezas dadas, e só pode basear-se em grandezas concretas e verificáveis. Por isso tem de ir ao encontro do mundo e das coisas para poder dominá-las economicamente. E assim a sua perspectiva artística das coisas é também, em todos os sentidos, real" (*Escultura Tang*, p. 42). Deixemos de lado o fato de não ser possível encontrar na arte uma representação "em todos os sentidos real". O que de fundamental haveria a dizer é que uma contextualização que se reclama da mesma validade para a arte da China antiga e da Holanda antiga é necessariamente problemática. Na verdade, as coisas não se passam assim. Basta deitar um olhar à República de Veneza, que floresceu graças ao comércio, o que não significa que a arte de Palma Vecchio, Ticiano ou Veronese possa ser vista como realista "em todos os sentidos". O aspecto da vida que nela encontramos é apenas o representativo e festivo. Por outro lado, a vida comercial exige, em todos os seus níveis de desenvolvimento, um considerável sentido da realidade. Mas o materialista não pode extrair daí quaisquer conclusões sobre o nascimento dos estilos.

como Ferri[50] tomava como modelo as leis da natureza não apenas para os princípios, mas também para a tática da social-democracia. Os desvios anarquistas eram por ele explicados como exemplo de falta de conhecimentos em geologia e biologia. É certo que dirigentes como Kautsky discutiram esses desvios.[51] Apesar disso, muitos se satisfaziam com as teses que classificavam os acontecimentos históricos em "fisiológicos" e "patológicos", ou então achavam que o materialismo científico, nas mãos do proletariado, se elevaria "espontaneamente" à condição de materialismo histórico.[52] Também Fuchs imagina o progresso da sociedade humana como um processo que "não pode ser travado, à semelhança de um glaciar, que ninguém pode fazer parar no seu avanço contínuo".[53] Desse modo, a concepção determinista anda a par com um otimismo inabalável. Ora, nenhuma classe poderá intervir politicamente com êxito e a longo prazo se não estiver confiante. Mas não é o mesmo o otimismo em relação à força ativa de uma classe ou às condições em

---

[50] Enrico Ferri (1856-1929): criminologista italiano, discípulo de Lombroso, integra a ala revisionista do Partido Socialista Italiano (a que adere em 1893, tendo dirigido o seu órgão, o *Avanti*), orientada pelos princípios do darwinismo social. Ferri apoia o fascismo de Mussolini nos anos 1920. (N.T.)

[51] Karl Kautsky, "Darwinismus und Marxismus", *in*: *Die Neue Zeit*, vol. XIII (Stuttgart, 1895), n. 1, p. 709-710.

[52] H. Laufenberg, "Dogma und Klassenkampf" [Dogma e luta de classes], *in*: *Die Neue Zeit*, vol. XXVII (Stuttgart, 1909), n. 1, p. 574. O conceito de "espontaneidade" degradou-se tristemente nessa altura. A sua grande época foi o século XVIII, quando se começaram a equilibrar os mercados. Foi essa a sua época triunfal, tanto em Kant (sob a forma da não mediação) como na técnica (com a invenção dos autômatos).

[53] *Caricatura*, vol. I, p. 312.

que ela opera. A social-democracia tendia para a segunda, e mais problemática, dessas formas de otimismo. A perspectiva da barbárie em gestação, de que um Engels e um Marx tiveram a intuição (respectivamente em *A Situação das Classes Trabalhadoras na Inglaterra* e no prognóstico da evolução do capitalismo) e que hoje é conhecida de qualquer estadista mediano, estava vedada aos epígonos da virada do século. Quando Condorcet divulgou a doutrina do progresso, a burguesia estava prestes a tomar o poder; já o proletariado, um século depois, se encontrava numa situação muito diferente. Para ele, essa doutrina foi uma fonte de ilusões que, de fato, constituem ainda o pano de fundo para o qual aponta de vez em quando a história da arte em Eduard Fuchs, quando afirma: "A arte de hoje trouxe-nos a concretização de centenas de sonhos que, nos mais diversos sentidos, vão muito além do que o Renascimento alcançou, e a arte do futuro terá necessariamente de ser superior".[54]

VI

O estilo patético que atravessa a concepção da história em Fuchs é o *pathos* democrático de 1830, cujo eco nos chega do orador Victor Hugo. E o maior desses ecos é o daqueles livros em que Hugo fala, como orador, para a posteridade. A concepção da história de Fuchs é a que Hugo celebra em *William Shakespeare*: "O passo do progresso é o passo do próprio Deus". E o sufrágio universal apresenta-se como o relógio cósmico que mede o ritmo desses passos. "*Qui vote règne*", escreveu Victor Hugo, e com isso ergueu as tábuas do otimismo democrático. Esse otimismo

[54] *Arte Erótica*, vol. I, p. 3.

fez nascer, bastante mais tarde, estranhos devaneios. Um deles pretendia que "todos os trabalhadores intelectuais, e com eles também pessoas de situação material e social elevada, devem ser vistos como proletários"; pois "é um fato inegável que, desde o conselheiro que se pavoneia no seu opulento uniforme dourado até o trabalhador assalariado e sem tempo, todos aqueles que oferecem os seus serviços e são pagos por eles são vítimas indefesas do capitalismo".[55] As tábuas que Hugo ergueu pairam ainda sobre a obra de Fuchs. De resto, este se mantém na tradição democrática ao se voltar para França com grande dedicação: dedicação à causa de três grandes revoluções, à pátria dos exilados, às origens do socialismo utópico, ao berço dos opositores da tirania Quinet e Michelet, à terra onde jazem os revolucionários da Comuna. Era essa a imagem da França em Marx e Engels, que Mehring herdou e que chegou a Fuchs como a do país "da vanguarda da cultura e da liberdade".[56] Este compara a sátira ligeira dos franceses com a mais pesada dos alemães, compara Heine com os que ficaram em casa, e o Naturalismo alemão com os romances satíricos de Anatole France. E desse modo, tal como Mehring, foi levado a fazer prognósticos convincentes, particularmente no caso de Gerhart Hauptmann.[57]

---

[55] A. Max, "Zur Frage der Organisation des Proletariats der Intelligenz" [Sobre o problema da organização do proletariado intelectual], *loc. cit.*, p. 652.

[56] *Caricatura*, vol. II, p. 238.

[57] Mehring comentou na *Neue Zeit* o processo instaurado a Hauptmann depois da apresentação da peça *Os Tecelões*. Certos aspectos da defesa voltaram a ganhar hoje a atualidade que tiveram em 1893. Nessa altura, o advogado argumentou: "O que pretendia provar era que as passagens destacadas, pretensamente revolucionárias, teriam de ser vistas em

Também para o colecionador Fuchs a França se apresenta como uma pátria. A figura do colecionador, que se torna tanto mais atraente quanto mais tempo nos ocupamos dela, não foi até agora suficientemente valorizada. Pensar-se-ia que ninguém, mais do que ela, deveria ter tentado os contadores de histórias românticos. Mas é em vão que procuramos esse tipo humano movido por paixões perigosas, apesar de domesticadas, entre as figuras de um Hoffmann, de um De Quincey, de um Nerval. Românticas são as figuras do viajante, do *flâneur*, do jogador, do virtuoso. A do colecionador não faz parte dessa galeria. E procuramo-la em vão entre as "fisiologias", às quais não escapou nenhuma figura do panóptico parisiense no reinado de Louis Philippe, do vendedor de rua aos reis dos salões. Mais significativo é o papel atribuído ao colecionador em Balzac, que lhe erigiu um monumento sem de modo algum lhe dar um tratamento romântico. Trata-se de um autor desde logo alheio ao Romantismo. E poucas entre as suas obras revelam uma posição tão surpreendentemente antirromântica como o esboço d'*O Primo Pons*. O mais significativo é talvez o seguinte: se, por um lado, ficamos sabendo tudo sobre as peças da coleção a que Pons dedicou a sua vida, por outro não sabemos quase nada da história da sua aquisição. Não há nessa obra nenhuma página comparável àquelas em que os Goncourt descrevem nos seus diários, com empolgante *suspense*, a aquisição de um achado raro. Balzac não apresenta

---

contraponto com outras mais equilibradas e apaziguadoras. O escritor nem sequer se coloca do lado da rebelião, pelo contrário, deixa que vença a ordem através da intervenção de uma mão cheia de soldados" (Franz Mehring, "Entweder-Oder" [Ou... ou], *in*: *Die Neue Zeit*, vol. XI, Stuttgart, 1893, n. 1, p. 780).

o caçador nos terrenos de caça do recheio de uma casa, imagem que serve a todo colecionador. A sensação máxima que faz vibrar todas as fibras do seu Pons e do seu Elie Magus é o orgulho – orgulho dos tesouros incomparáveis que guardam com incansável cuidado. Balzac coloca toda a ênfase na representação do "proprietário", e escapa-lhe a palavra "milionário" como sinônimo de "colecionador". Fala de Paris, e escreve: "Aí podemos muitas vezes encontrar um Pons, um Elie Magus, miseravelmente vestidos. Parece que não dão valor a nada, que não querem saber de nada, não dão atenção nem às mulheres nem às montras. Andam pelas ruas como em sonhos, de bolsos vazios, olhar perdido, e perguntamo-nos que espécie de parisienses são esses. São milionários. Colecionadores, os homens mais apaixonados do mundo".[58]

A imagem do colecionador em Balzac aproxima-se mais da de Fuchs, da sua atividade múltipla, do que a que pudéssemos fazer de um romântico. Pode mesmo se dizer, tocando no nervo vital desse homem: Fuchs, o colecionador, é tipicamente balzaquiano, é uma figura de Balzac que ultrapassou o seu próprio criador. Quem melhor poderia documentar essa concepção do que um colecionador cujo orgulho, cuja força expansiva, desejoso de se mostrar a toda gente com as suas coleções, o levam a apresentá-las ao mercado em reproduções, para, desse modo – outro traço não menos balzaquiano –, se tornar um homem rico? Não é apenas o escrúpulo de um homem que sabe que é um conservador de tesouros, é também o exibicionismo do grande colecionador aquilo que leva Fuchs a incluir em todas as suas obras exclusivamente

[58] Honoré de Balzac, *Le Cousin Pons*. Paris, 1925, p. 162.

material iconográfico inédito, e quase sempre das suas próprias coleções. Só para o primeiro volume d'*A Caricatura dos Povos Europeus* colecionou nada mais nada menos que 68.000 desenhos, para escolher cerca de quinhentos. Nenhum desses desenhos foi reproduzido mais do que uma única vez. A riqueza da sua documentação e o espectro amplo da sua difusão são indissociáveis. Ambas as coisas testemunham as suas origens nas grandes estirpes burguesas dos anos em torno de 1830, como Drumont as caracteriza: "Quase todos os dirigentes da escola de 1830 tinham a mesma constituição invulgar, a mesma fertilidade e a mesma tendência para a grandiosidade. Delacroix lança epopeias sobre a tela, Balzac retrata toda uma sociedade, Dumas abarca nos seus romances uma história plurimilenar do gênero humano. Todos eles têm costas para as quais nada é pesado demais".[59] Quando a revolução chegou em 1848, Dumas publicou um apelo aos operários de Paris, no qual se apresenta como seu igual. Em vinte anos escrevera quatrocentos romances e trinta e cinco peças de teatro, dando trabalho a 8.160 pessoas: compositores e revisores, maquinistas e costureiras, sem esquecer a claque. A sensação com que o historiador universal Fuchs chega a constituir a base econômica das suas grandiosas coleções talvez não ande longe da autoestima de Dumas. Mais tarde, essa base econômica permitir-lhe-á dominar de forma quase tão soberana o mercado parisiense como as suas próprias coleções. O nestor dos negociantes de arte de Paris costumava dizer dele, pela virada do século: "*C'est le Monsieur qui mange tout Paris*". Fuchs pertence ao tipo do *ramasseur* (compilador, açambarcador), tem

[59] Edouard Drumont, *Les héros et les pitres*. Paris, p. 107-108.

um prazer rabelaisiano pela quantidade, que se evidencia até nas exuberantes repetições dos seus textos.

VII

A árvore genealógica francesa de Fuchs é a do colecionador, a alemã, a do historiador. O rigor moral característico do historiador Fuchs dá-lhe o seu *facies* alemão. Já o dera a Gervinus, cuja *História das Belas-Letras Nacionais* pode ser vista como uma das primeiras tentativas da "história do espírito" na Alemanha. O que distingue Gervinus, e mais tarde Fuchs, é o fato de os grandes criadores entrarem em cena em pose, por assim dizer, marcial, e o lado ativo, masculino, espontâneo da sua natureza se sobrepor ao contemplativo, feminino e receptivo. É certo que essa tarefa se torna mais fácil para Gervinus, já que na fase em que escreve o seu livro a burguesia se encontrava em plena ascensão, e a sua arte, cheia de energias políticas. Fuchs escreve na época do imperialismo, apresenta de forma polêmica ao seu tempo as energias políticas da arte, um tempo em que elas de dia para dia vão enfraquecendo. Mas a escala de Gervinus é ainda a sua, e pode mesmo ser seguida para trás até o século XVIII pela mão do próprio Gervinus, cujo discurso em memória de C. F. Schlosser deu expressão grandiosa ao aguerrido moralismo da época revolucionária da burguesia. Já se acusou Schlosser de "rigorismo moral intragável". Gervinus defende-o, argumentando: "O que Schlosser poderia dizer, e diria, contra tais acusações, é isto: que na vida em grande, na História, diferentemente dos romances e das novelas, por mais que neles haja alegria dos sentidos e do espírito, não se aprende um gosto superficial pela vida; que com o seu estudo se adquire não um desprezo misantropo, mas um modo rigoroso de ver o mundo e princípios sérios sobre a vida; que, pelo menos nos maiores de todos os juízes do mundo e dos homens que souberam medir a vida exterior por uma vida interior própria – um Shakespeare, um Dante, um Maquiavel –, as coisas do mundo sempre produziram uma impressão que os formou na seriedade e no rigor".[60] É esta a origem do moralismo de Fuchs: um jacobinismo alemão cujo marco maior é a História Universal de Schlosser, que Fuchs conhecia desde a juventude.[61]

Esse moralismo burguês contém – e o fato não é surpreendente – ingredientes que colidem com os materialistas em Fuchs. Se ele tivesse consciência disso, talvez conseguisse minorar o choque. Mas acontece que ele estava convencido de que a sua visão moralista da história e o materialismo histórico podiam conviver em perfeita harmonia. Trata-se de uma ilusão cujo substrato é a ideia, muito difundida e a precisar de revisão, de que as revoluções burguesas, tal como são celebradas pela própria burguesia, estão na base de uma

---

60 Georg Gottfried Gervinus, *Friedrich Christoph Schlosser. Ein Nekrolog*. Leipzig, 1861, p. 30-31.

61 Essa orientação da sua Obra revelou-se útil a Fuchs quando começaram as acusações de "difusão de escritos imorais" por parte do Ministério Público imperial. Encontramos uma exposição particularmente expressiva do moralismo de Fuchs na declaração de voto de um dos especialistas do caso, feita no âmbito de um dos processos, que terminaram todos com a absolvição. O documento está assinado por Fedor von Zobeltitz e diz o seguinte na sua passagem mais importante: "Fuchs considera-se muito seriamente um pregador de moral, um educador, e esse modo profundamente sério de encarar a vida, a íntima convicção de que a sua obra em prol da história da humanidade tem de se orientar por princípios de uma elevada moralidade bastam para o ilibar da suspeita de qualquer especulação comercial desenfreada, de que se teriam de rir todos aqueles que o conhecem e ao seu luminoso idealismo".

revolução proletária.[62] Contra tal ideia é absolutamente necessário dar atenção ao espiritualismo que codeterminou aquelas revoluções, e cujos fios de ouro foram fiados pela moral. A moral burguesa – os primeiros sinais disso estão já patentes na fase do Terror – é dominada pela interioridade. A sua charneira é a consciência moral – quer ela seja a do *citoyen* de Robespierre ou a do cidadão do mundo de Kant. O comportamento da burguesia, compatível com os seus próprios interesses, mas dependente do comportamento complementar do proletariado, que não correspondia aos interesses desta última classe, proclamou como instância moral a consciência. A consciência moral existe sob o signo do altruísmo. Aconselha o proprietário a agir de acordo com os conceitos cuja vigência aproveita indiretamente aos seus coproprietários, e aconselha facilmente aos não proprietários que façam o mesmo. Se os últimos aceitarem este conselho, a utilidade do seu comportamento para os proprietários torna-se tanto mais evidente quanto mais problemático ele é para os que assim se comportam e para a sua classe. Por isso o preço desse comportamento é a virtude. E assim a moral de classe se impõe. Mas o faz de forma inconsciente. A burguesia não precisou tanto de consciência para construir essa moral de classe como

[62] Essa revisão foi inaugurada por Max Horkheimer no ensaio "Egoismus und Freiheitsbewegung" [Egoísmo e movimento de libertação], na *Zeitschrift für Sozialforschung* [Revista de Investigação Social], vol. V (1936), p. 161 segs. Entre os testemunhos reunidos por Horkheimer encontra-se uma série de interessantes documentos com os quais o radical de direita Abel Bonnard justifica o seu ataque àqueles historiadores burgueses da revolução que Chateaubriand designa de "*l'école admirative de la terreur*" (cf. Abel Bonnard, *Les Modérés*. Paris, p. 179 segs.).

o proletariado precisa para deitá-la abaixo. Fuchs não faz justiça a essa realidade, porque acha que tem de dirigir os seus ataques contra a consciência moral da burguesia. A sua ideologia é para ele um jogo de intrigas: "A conversa fiada que até perante os mais descarados preconceitos de classe nos vem com a história da honestidade subjetiva dos juízes só prova a própria falta de caráter daqueles que assim falam ou escrevem, na melhor das hipóteses a sua estupidez".[63] Não passa pela cabeça a Fuchs condenar o próprio conceito da *bona fides* (da boa consciência moral), apesar de isso parecer óbvio para o materialista histórico. Não apenas porque ele reconhece nesse conceito um suporte da moral de classe burguesa, mas também porque não lhe escapará que esse conceito estimula a solidariedade da desordem moral com a ausência de planificação econômica. Alguns marxistas mais jovens tocaram nessa questão, pelo menos indiretamente. Assim, por exemplo, nas referências à política de Lamartine, que fazia um uso excessivo da *bona fides*: "A democracia burguesa precisa desse valor. O democrata, do ponto de vista dos negócios, é honesto. Por isso se sente dispensado da necessidade de ir atrás dos fatos reais".[64]

A observação, mais orientada para os interesses conscientes dos indivíduos do que para as formas de comportamento que a sua classe muitas vezes é obrigada a assumir inconscientemente e dada a sua posição no processo de produção, leva a uma sobrevalorização do momento consciente na formação da ideologia. Essa sobrevalorização é evidente em Fuchs quando escreve: "A arte é, em todos

[63] *O pintor Daumier*, p. 30.

[64] Norbert Guterman e H. Lefebvre, *La conscience mystifiée*. Paris, 1936, p. 151.

os seus aspectos essenciais, o revestimento idealizado da situação social. Pois há uma lei eterna segundo a qual toda a situação política ou social dominante tem tendência a idealizar-se, para desse modo legitimar moralmente a sua existência".[65] Aproximamo-nos do cerne do mal-entendido que consiste em julgar que a exploração determina uma falsa consciência, pelo menos do lado dos exploradores, acima de tudo porque uma consciência reta lhes é moralmente incômoda. Essa frase poderá ser parcialmente válida para o presente, uma época em que a luta de classes apaixona fortemente a globalidade da vida burguesa. Mas de modo nenhum se pode considerar óbvia a "má consciência" dos privilegiados para explicar as formas da exploração no passado. A reificação não se limita a tornar invisíveis as relações entre os homens; envolvem-se em névoa também os sujeitos reais dessas relações. Entre os detentores do poder da vida econômica e os explorados existe um aparelho burocrático, jurídico e administrativo cujos membros já não funcionam como sujeitos morais plenamente responsáveis; a sua "consciência da responsabilidade" não é mais do que a expressão inconsciente dessa amputação.

VIII

O moralismo cujos vestígios são visíveis no materialismo histórico de Fuchs também não foi abalado pela psicanálise. Sobre a sexualidade escreve: "São legítimas todas as formas de conduta sensual nas quais se manifeste o lado criativo dessa lei da vida [...] Condenáveis são, por outro lado, aquelas formas que degradam essa pulsão superior, transformando-a

[65] *Arte Erótica*, vol. II, primeira parte, p. 11.

em mero meio de gozo requintado".[66] Não há dúvida de que a assinatura desse moralismo é burguesa. Fuchs desconhece a verdadeira desconfiança em relação à condenação burguesa do puro prazer sexual e dos caminhos mais ou menos imaginativos para lá chegar. Aceita como princípio que "só em termos relativos se pode falar de moralidade e imoralidade", mas ao mesmo tempo institui uma exceção quanto à "imoralidade absoluta", nos casos de "infrações às pulsões sociais, ou seja, infrações que vão contra a lei da natureza". Característica desse ponto de vista é, segundo Fuchs, a vitória historicamente comprovável das "massas, sempre passíveis de evolução, sobre a individualidade degenerada".[67] Em resumo, pode se afirmar sobre Fuchs que ele "ataca não a legitimidade de um juízo condenatório contra as pulsões pretensamente corrompidas, mas as opiniões sobre a sua história e a sua escala".[68]

E isso afeta o esclarecimento do problema psicológico-sexual, uma questão que se tornou particularmente importante desde que a burguesia assumiu o poder. É aqui que se insere a tabuização de zonas mais ou menos amplas do prazer sexual. Os recalcamentos que ela produziu nas massas trazem a lume complexos masoquistas e sadistas aos

---

[66] *Arte Erótica*, vol. I, p. 43. A apresentação do Diretório do ponto de vista da história dos costumes tem traços que fazem lembrar a literatura de cordel: "O horrível livro do marquês de Sade, com as suas gravuras, tão más como infames, estava exposto, aberto, em todas as montras". E da figura de Barras* chega-nos "a imaginação desbragada de um libertino sem vergonha" (*Caricatura*, vol. I, p. 202 e 201).
[*Paul François Jean Nicolas, visconde de Barras (1755-1829): político rico e sem escrúpulos, influente no período napoleônico. (N.T.)]

[67] *Caricatura*, vol. I, p. 188.

[68] Max Horkheimer, "Egoismus und Freiheitsbewegung", *loc. cit.*, p. 166.

quais os detentores do poder entregam aqueles objetos que se apresentam como os que mais convêm à sua política. Um contemporâneo de Fuchs, Wedekind, explorou esses territórios. Fuchs deixou por fazer a sua crítica social. Tanto mais importante se torna por isso a passagem em que ele se redime parcialmente dessa falha, chegando a essa crítica pelos caminhos da história da natureza. Trata-se de uma brilhante defesa da orgia. Segundo Fuchs, "o prazer da orgia é uma das mais valiosas tendências da cultura [...] Temos de ter presente que a orgia é uma das características que nos distinguem dos animais, que, ao contrário dos humanos, não conhecem a orgia [...] O animal ignora a mais suculenta das refeições e a mais cristalina das fontes se estiver saciado de fome e sede, e o seu apetite sexual quase sempre se restringe a certos períodos curtos do ano. O ser humano é muito diferente, sobretudo o ser humano criativo, que não conhece limites".[69] O momento forte das reflexões psicológico-sexuais de Fuchs é o das reflexões em que ele discute as normas tradicionais. São essas reflexões que lhe permitem destruir algumas ilusões pequeno-burguesas. Assim, por exemplo, a do nudismo, na qual vê, com razão, "uma revolução da tacanhez". "O ser humano já não é, e ainda bem, nenhum animal selvagem, e é preciso que a fantasia, incluindo a erótica, esteja presente também

---

[69] *Arte Erótica*, vol. II, p. 283. Fuchs segue aqui um trilho muito importante. Será precipitado associar a fronteira homem-animal, que Fuchs vê na orgia, a uma outra, a da posição ereta do andar? Com ela surge na história da natureza o fenômeno, antes desconhecido, da possibilidade de os parceiros se poderem olhar no momento do orgasmo. Só aí a orgia se torna possível, e não tanto pelo aumento de estímulos para o olhar. O mais decisivo é que agora a expressão de saturação, e mesmo do esgotamento, se pode tornar ela mesma um estímulo erótico.

no vestuário. O que não queremos é unicamente aquela organização social da humanidade que reduz tudo isso à condição de um tráfico vulgar."[70]

O ponto de vista psicológico e histórico de Fuchs deu frutos na história do vestuário. De fato, nenhum outro objeto satisfazia tanto os três interesses do autor – o histórico, o social e o erótico – como a moda. Isso é já visível na sua definição, que se socorre de uma formulação que lembra Karl Kraus. A moda, lê-se na *História dos Costumes*, dá a ver "o modo como se pretende conduzir o negócio da moralidade pública".[71] Fuchs, de resto, não caiu no erro, comum a outros autores, de investigar a moda apenas a partir de pontos de vista estéticos e eróticos. Não lhe escapou o seu papel como instrumento de dominação: dá expressão às mais sutis diferenças dos grupos sociais, e vigia sobretudo as mais acentuadas das classes. No terceiro volume da sua *História dos Costumes* Fuchs dedica-lhe um grande ensaio cujo pensamento é sintetizado no volume complementar por meio da enumeração dos elementos decisivos da moda. O primeiro é constituído pelos "interesses de diferenciação das classes"; o segundo apresenta "o modo de produção privado do capitalismo", que procura aumentar os seus

---

[70] *História dos Costumes*, vol. III, p. 234. Algumas páginas mais adiante desaparece esse juízo convicto – o que só prova a dificuldade com que foi arrancado à convenção. Aí já se diz: "O fato de milhares de pessoas se excitarem sexualmente ao verem uma fotografia de nu feminino ou masculino prova que o olho já não é capaz de ver o todo harmônico, mas apenas o pormenor picante" (*op. cit.*, p. 269). O que neste caso tem um efeito de excitação sexual é mais a imaginação do corpo nu diante da máquina fotográfica do que a visão da própria nudez. E deve ter sido esta a intenção da maior parte dessas fotografias.

[71] *História dos Costumes*, vol. III, p. 189.

lucros com as constantes mudanças na moda; e em terceiro lugar não se devem esquecer "as finalidades eroticamente estimulantes da moda".[72]

O culto da criatividade, que atravessa toda a obra de Fuchs, foi buscar novo alimento aos seus estudos psicanalíticos, que enriqueceram, mas não corrigiram, as suas concepções originalmente fundadas na biologia. Fuchs aceitou com entusiasmo a teoria das origens eróticas dos impulsos criativos. Mas a sua visão do erotismo continuou muito presa à de uma sensualidade radical, biologicamente determinada. Fuchs evitou na medida do possível a teoria do recalcamento e dos complexos, que talvez tivesse modificado a sua visão moralista das relações sociais e sexuais. Do mesmo modo que o seu materialismo histórico faz derivar as coisas mais do interesse econômico consciente do indivíduo do que do interesse da classe, em última análise inconsciente, assim também o impulso criativo, tal como ele o vê, se alimenta mais da intenção sensual consciente do que de um inconsciente gerador de imagens.[73] O mundo erótico das imagens enquanto mundo simbólico, tal como *A Interpretação dos Sonhos* de Freud o delimitou, só se manifesta em Fuchs quando o seu empenho interior é maior. Nesse caso, esse mundo preenche os seus textos, mesmo quando se evita qualquer referência a ele, como acontece na magistral caracterização da gravura da fase da revolução: "Tudo

---

72 *História dos Costumes*, vol. complementar III, p. 53-54.

73 A arte é para Fuchs sensualidade imediata, tal como a ideologia é a produção imediata de interesses. "A essência da arte é: a sensualidade. Arte é sensualidade, sensualidade sob forma potenciada. A arte é sensualidade tornada forma, tornada visível, e é ao mesmo tempo a forma suprema e mais nobre dessa sensualidade" (*Arte Erótica*, vol. I, p. 61).

é hirto, inflexível, militar. As pessoas não estão deitadas, porque o campo de manobras não tolera nenhum 'Mexam-se!'. Até mesmo quando estão sentadas parece que querem levantar-se de um salto. Todo o seu corpo está tenso, como a seta na corda do arco [...] O que se passa com a linha passa-se também com a cor. É certo que as gravuras parecem frias, metálicas, se comparadas com as do Rococó [...] A cor tinha de ser dura, metálica, para se ajustar ao conteúdo das gravuras".[74] Mais explícita é uma referência esclarecedora ao fetichismo, que procura investigar os seus equivalentes históricos. O resultado é que "o crescimento do fetichismo dos sapatos e das pernas parece apontar para a substituição do culto de Priapo pelo da vulva", enquanto o aumento do fetichismo do peito, pelo contrário, seria uma tendência regressiva: "O culto do pé e das pernas tapados espelha a superioridade da mulher sobre o homem; o culto do peito espelha o lugar da mulher como objeto de prazer do homem".[75] As mais profundas considerações sobre o domínio do símbolo surgem em Fuchs a propósito dos desenhos de Daumier. O que diz sobre as árvores de Daumier é um dos mais felizes achados da obra. Nelas reconhece "uma forma simbólica muito particular em que se revela o sentimento de responsabilidade social de Daumier e a sua convicção de que é dever da sociedade proteger o indivíduo [...] A sua forma típica de representar as árvores apresenta-as sempre de ramos muito abertos, sobretudo quando alguém está debaixo delas, em pé ou deitado. Os ramos estendem-se de forma especial nessas árvores, como os braços de um gigante, parecem literalmente querer alcançar o infinito, fecham-se num telhado

---

[74] *Caricatura*, vol. I, p. 223.

[75] *Arte Erótica*, vol. II, p. 390.

impenetrável que protege do perigo todos aqueles que sob ele vieram procurar abrigo".[76] Essa bela descrição conduz Fuchs ao elemento maternal dominante na obra de Daumier.

IX

Nenhuma outra figura se tornou tão viva para Fuchs como Daumier. Acompanhou-o durante toda a sua vida de trabalho, quase se poderia dizer que com ela Fuchs se tornou um pensador dialético. Pelo menos, concebeu-a em toda a sua plenitude e nas suas contradições vivas. Por um lado, apreendeu o elemento maternal na arte de Daumier, e delimitou-o de forma impressionante, mas isso não o impediu de se familiarizar igualmente com o outro polo, o masculino e mais discutível da figura. Chamou a atenção para o fato de faltar à obra de Daumier a componente idílica, não apenas na paisagem, na representação dos animais, nas naturezas mortas, mas também nos motivos eróticos e no autorretrato. O que verdadeiramente atraiu Fuchs em Daumier foi o momento agônico dessa obra. Será demasiado ousado procurar numa pergunta a grande origem da caricatura de Daumier? O artista parece perguntar: como se comportariam os homens e mulheres da burguesia do meu tempo se os imaginássemos numa *palaestra*[77] em luta pela existência? Daumier traduziu para a linguagem do *ágon* a vida privada e pública dos parisienses. Entusiasma-se acima de tudo com a tensão atlética do corpo e das suas vibrações musculares. E isso de modo nenhum entra em

---

[76] *O Pintor Daumier*, p. 30.

[77] *Palaestra*: do grego παλαιστρα, a escola de luta e da cultura atlética na Grécia antiga, parte integrante do ginásio. (N.T.)

contradição com o fato de ninguém ter desenhado o profundo relaxamento do corpo de forma tão empolgante como Daumier. A concepção de Daumier tem, como Fuchs notou, muitas afinidades com a da escultura. Por isso ele rapta os tipos sociais que o seu tempo lhe oferece para colocá-los num pedestal, quais heróis olímpicos transfigurados. São sobretudo os estudos de juízes e advogados que podemos observar desse ponto de vista. O humor elegíaco em que Daumier gosta de envolver o panteão grego sugere de forma direta essa inspiração. Talvez nisso esteja a solução do enigma que já Baudelaire encontrou no mestre: como pode a sua caricatura, com toda a sua ira e o seu ímpeto, estar tão livre de rancor?

Todas as potencialidades de Fuchs se avivam quando fala de Daumier. Não há assunto que mais suscite ao seu conhecimento intuições tão fulgurantes. Um desenho, tão insignificante que seria eufemismo chamar-lhe incompleto, basta a Fuchs para fornecer uma análise profunda do modo de produção de Daumier. Representa apenas a parte superior de uma cabeça, em que os únicos elementos que têm alguma coisa a dizer são os olhos e o nariz. O fato de o esboço se limitar a esta parte do rosto e de ter como objeto apenas alguém que olha, é para Fuchs um sinal de que é aí que se fixa todo o interesse do pintor. Isso porque, na execução de um quadro todo pintor, segundo Fuchs, começa por aquela seção que mais intensamente o atrai.[78] "Inúmeras figuras de Daumier", lemos na obra sobre esse pintor, "se apresentam com um olhar

[78] Sobre esse ponto, veja-se ainda a seguinte reflexão: "As minhas observações levam-me a pensar que os aspectos dominantes da paleta de um artista se manifestam sempre de forma particularmente clara nos seus

concentrado, ou para o longe, ou observando um determinado objeto, ou ainda olhando dessa forma concentrada a sua própria interioridade. As personagens de Daumier olham literalmente [...] com a ponta do nariz".[79]

X

Daumier foi o mais feliz objeto de investigação para Fuchs. E igualmente a mais feliz das suas iniciativas. É com justificado orgulho que Fuchs lembra que não foi graças à iniciativa estatal, mas à sua própria, que pela primeira vez alguém conseguiu reunir os primeiros álbuns de Daumier (e de Gavarni) na Alemanha. E não está só entre os grandes colecionadores na sua desconfiança em relação aos museus.

---

quadros acentuadamente eróticos, e que neles alcançam a sua mais alta luminosidade" (*Os Grandes Mestres do Erotismo*, p. 14).

[79] *O Pintor Daumier*, p. 18. Entre as figuras de que falamos encontra-se também a do famoso "*connoisseur* de arte", uma aquarela que existe em várias versões. Um dia apresentaram a Fuchs uma versão até aí não conhecida, não se sabendo se era autêntica ou falsa. Fuchs observou a representação principal desse motivo numa boa reprodução, e começou a fazer uma comparação a todos os títulos instrutiva. Nem um desvio, por menor que fosse, deixou de ser considerado, e cada um deles exigia chegar a conclusões sobre se era obra da mão de um mestre ou um produto do desespero. Fuchs voltava sempre ao original, mas o modo como o fazia parecia mostrar que bem poderia prescindir disso; o seu olhar mostrava-se tão familiarizado com ele como só pode acontecer com uma obra que se teve presente em espírito durante anos. Era esse, sem dúvida, o caso de Fuchs. E só por isso é que ele estava em condições de descobrir as inseguranças mais escondidas nos contornos, as mais insignificantes falhas de cor nas sombras, os mínimos defeitos no traço, que acabariam por colocar o duvidoso desenho no lugar que lhe competia – e que não era o de uma falsificação, mas o de uma boa cópia antiga que poderia ter sido feita por um amador.

Os Goncourt anteciparam-se-lhe nisso, e ultrapassam-no em violência. Se, por um lado, as coleções públicas poderiam ser socialmente menos problemáticas e cientificamente mais úteis do que as privadas, por outro desperdiçam a maior oportunidade destas. O colecionador dispõe, na sua paixão, de uma varinha de vedor que o transforma em descobridor de novas fontes. Isso se aplica a Fuchs, e por essa razão ele tinha de se opor ao espírito que dominava os museus sob a égide de Guilherme II, e que só se interessava pelas chamadas peças representativas. "É um fato", diz Fuchs, "que esse tipo de coleção está hoje condicionado pelas disponibilidades de espaço dos museus. Mas esse condicionalismo em nada altera o fato de que, por essa via, obtemos uma ideia muito incompleta da cultura do passado. Só a vemos nos trajes faustosos dos dias de festa, mas raramente nos seus mais modestos fatos de trabalho".[80]

Os grandes colecionadores distinguem-se quase sempre pela originalidade da sua escolha dos objetos. Mas há exceções: os Goncourt partiam menos dos objetos do que dos contextos que os escondiam, e realizaram a transfiguração do interior burguês quando ele acabava de desaparecer. Em regra, porém, os colecionadores deixaram-se guiar pelos próprios objetos. Um grande exemplo, no limiar da Idade Moderna, é o dos humanistas, cujas aquisições de objetos gregos e viagens à Grécia dão testemunho da forma consequente como orientavam as suas coleções. Com [Michel de] Marolles, modelo de Damocède,[81] o colecionador entra na

---

[80] *Coruchéus*, p. 5-6.

[81] Damocède é o nome do personagem colecionador de *Les caractères ou Les moeurs de ce siècle*, de La Bruyère (1645-1696), publicado em 1688. (N.T.)

literatura pela mão de La Bruyère (e logo com uma imagem pouco lisonjeira). Marolles foi o primeiro a reconhecer a importância da gravura, e a sua coleção de 125.000 estampas constitui o núcleo fundador do *Cabinet des Estampes*. O catálogo em sete volumes das suas coleções, organizado no século seguinte pelo conde de Caylus, é o primeiro grande trabalho desse tipo de arqueologia. A coleção de gemas de Stosch[82] foi catalogada por Winckelmann, por incumbência do colecionador. Mesmo nos casos em que não estava destinada grande duração à concepção científica subjacente a tais coleções, em certos casos as próprias coleções revelaram tê-la. Foi o que aconteceu com a de Wallraf e Boisserée, cujos fundadores, apoiando-se na teoria romântico-nazarena de que a arte de Colônia era herdeira da arte antiga romana, criaram com as suas pinturas da Idade Média alemã o fundo essencial do museu de Colônia. Fuchs insere-se nessa série de grandes colecionadores que planificavam as suas coleções e se dedicaram a *uma* causa sem se desviarem do seu caminho. A sua ideia condutora é a de restituir à obra de arte a existência na sociedade, da qual havia sido de tal modo segregada que o lugar onde ele a foi encontrar era o de um mercado em que ela, igualmente afastada dos seus produtores e daqueles que a poderiam compreender, sobrevivia reduzida à sua condição de mercadoria. O fetiche do mercado da arte é o do nome do mestre. Do ponto de vista histórico, talvez o maior mérito de

---

82 Barão Philipp von Stosch (1691-1757): antiquário e colecionador prussiano que viveu em Roma e Florença. A coleção de gemas referida é a *Gemmæ Antiquæ Cælatæ*(1724), uma coleção de pedras antigas gravadas, reproduzidas em gravuras de Bernard Picart, que reuniam setenta pedras de coleções europeias. O volume transformou-se em obra de referência para historiadores e colecionadores. (N.T.)

Fuchs tenha sido o de ter encetado a libertação da história da arte desse fetiche do nome do mestre. Assim, podemos ler no seu livro sobre a escultura do período Tang: "Por isso o total anonimato dessas oferendas funerárias, o fato de não se conhecer um único caso de criação individual dessas obras, é uma importante prova de que nesse domínio nunca se pode falar de produção artística individual, mas sempre do modo como o mundo e as coisas eram vistas nessa altura pela totalidade da população".[83] Fuchs foi um dos primeiros a desenvolver as características particulares da arte de massas, promovendo assim impulsos que recebera do materialismo histórico.

O estudo da arte de massas leva-nos necessariamente para a questão da possibilidade de reprodução técnica da obra de arte. "A cada época correspondem técnicas de reprodução muito próprias, que representam as capacidades técnicas disponíveis em cada uma e são resultados das necessidades do respectivo tempo. Por isso não é de estranhar o fenômeno curioso de que todas as grandes mudanças históricas, que levaram ao poder classes que destronaram as dominantes, condicionaram também regularmente as mudanças nas técnicas de reprodução das imagens. É preciso lembrar esse fato de forma clara."[84] Pontos de vista como esse evidenciam o papel pioneiro de Fuchs. Com eles chamou a atenção para objetos cujo estudo pode servir de escola

[83] *Escultura Tang*, p. 144.

[84] *Honoré Daumier*, vol. I, p. 13. Compare-se com essas ideias a interpretação alegórica das Bodas de Canaã por Victor Hugo: "O milagre dos pães significa a multiplicação dos leitores. No dia em que o cristão deparou com esse símbolo intuiu a invenção da tipografia" (V. Hugo, *William Shakespeare*, cit. por Georges Batault, *Le pontif de la démagogie: Victor Hugo*. Paris, 1934, p. 142).

do materialismo histórico. O grau de desenvolvimento técnico das artes é um deles. Segui-lo é reparar muitos dos estragos provocados pelo conceito corrente de cultura das ciências do espírito (por vezes até no próprio Fuchs). O fato de "milhares de simples oleiros terem conseguido dar forma a objetos técnica e artisticamente ousados"[85] é para Fuchs, com razão, uma afirmação concreta da arte chinesa antiga. Considerações de ordem técnica levam-no de vez em quando a sínteses luminosas, muito avançadas em relação à sua época. Só assim se pode compreender e explicar a circunstância de a Antiguidade não conhecer a caricatura. Qualquer concepção idealista da história veria nisso mais um suporte da imagem classicista da Grécia. E como é que Fuchs explica o fenômeno? A caricatura é para ele uma arte de massas. Não existe caricatura sem a difusão em massa dos seus produtos. E difusão em massa significa difusão barata. Ora, "a Antiguidade não conhecia outra forma barata de reprodução que não fosse a moeda".[86] E a superfície da moeda é demasiado pequena para poder conter uma caricatura. Por isso a Antiguidade a desconhece.

A caricatura era uma arte de massas, tal como o quadro de costumes. Esse caráter, na sua qualidade difamatória, juntava-se, para a história da arte corrente, a outros vistos como problemáticos e condenáveis. Não é assim para Fuchs: a sua força reside precisamente no olhar que lança aos objetos desprezados e apócrifos. E o caminho para lá chegar, de que o marxismo mal lhe tinha indicado o começo, abriu-o ele por

---

85 *Coruchéus*, p. 46.

86 *Caricatura*, vol. I, p. 19. A exceção confirma a regra. A produção de figuras em terracota servia-se de um processo de reprodução mecânica. E entre elas há muitas caricaturas.

si próprio, como colecionador, com uma paixão a raiar os limites do maníaco. Foi ela que marcou os traços essenciais de Fuchs: em que sentido podemos percebê-lo se seguirmos, nas litografias de Daumier, a longa série de amigos da arte e comerciantes, dos admiradores da pintura e dos conhecedores da escultura. São todos parecidos com Fuchs, até na constituição física. São figuras altas e magras, e os olhares saem deles como línguas de fogo. Não foi por acaso que alguém disse que Daumier representa nelas os continuadores daqueles alquimistas, necromantes e agiotas que encontramos nos quadros dos mestres antigos.[87] Enquanto colecionador, Fuchs pertence a essa linhagem. E do mesmo modo que o alquimista associa ao seu desejo "inferior" de produzir ouro a investigação das substâncias químicas em que os planetas e os elementos se juntam para formar imagens espirituais do homem, assim também esse colecionador juntou ao desejo "inferior" da posse a investigação de uma arte em cujas criações convergem as forças produtivas e as massas para formar imagens do homem na história. Até os últimos livros, é possível detectar o empenho apaixonado com que Fuchs perseguiu essas imagens. "A glória final dos coruchéus chineses", escreve ele, "não é a de neles se espelhar uma arte popular anônima. Não há livro de heróis que dê testemunho dos seus criadores".[88] Se essa observação voltada para o anônimo e para aquilo que o rastro das suas mãos deixou não contribuirá mais para a humanização da humanidade do que o culto dos chefes que agora uma vez mais se lhe quer impor, isso, como tantas outras coisas sobre as quais a lição do passado foi em vão, só o futuro, ainda e sempre, nos poderá ensinar.

---

[87] Cf. Erich Klossowski, *Honoré Daumier*, 1908, p. 113.

[88] *Coruchéus*, p. 41.

Este livro foi composto com tipografia Adobe Garamond Pro e impresso em papel Off-White 80 g/m² na Formato Artes Gráficas.